誰も知らなかった クレームストーカー対策マニュアル

COMPLAINT STALKER

No One Knows

エビデンサー evidencer 平塚俊樹
Toshiki Hiratsuka

SOGO HOREI PUBLISHING CO., LTD

はじめに

私の肩書は「エビデンサー（証拠調査士）」である。

おそらく、ほとんどの方がはじめて聞く職業名ではないだろうか。

エビデンサーとは、トラブルを解決するために証拠を集めて、分析および調整・教育をする専門職だ。海外では、証拠集めの専門家がトラブルにまつわる情報を収集し、それをもとに弁護士が法廷で戦うシステムが確立されている国が少なくない。日本では、このような証拠調査のプロフェッショナルはまだ私しかいない。


私は、これまでに数千件にのぼるトラブルの証拠集めを手がけてきた。現在、年間に扱う案件は数百件。主に法人を対象とし、複数の企業の法務部の顧問をつとめるほか、さまざまな企業から依頼を受けて調査に当たっている。

仕事のメインは法人の国内外の経営コンサルティング及び問題解決だが、個人からの相談を請け負うケースもある。個人のトラブルの内容は、悪徳弁護士よるワナから、詐欺、騒音トラブル、不動産賃貸トラブル、セクハラ、いじめ、ストーカーなど。今の世の中を映し出す問題ばかりである。

それらの事件の記録を記したのが、私の前著『Ｌａｗより証拠』だ。

この本では、悪意に満ちたくわだてに対して、Ｌａｗ（法律）ではなく証拠で戦う方法を述べており、多くの方々に興味をもって読んでいただいた。新手の犯罪が次々と出てくる昨今、誰もが我が身にも降りかかる問題としてとらえてくださったのだろう。

現代社会では、個人も法人も、いつ何時どんな悪人から落とし穴にはめられるかわからない。現実に、法人でも予想もしないトラブルに遭い、苦慮している企業は山ほどある。おかげでと言っていいかどうかわからないが、私のもとには、企業からの相談や依頼が引きも切らない。なかでも最も多い案件はクレーム問題である。

近年、企業に対するクレームは増加の一途をたどっている。

しかも常識の範囲で文句を訴えるのではなく、違法行為に出るクレーマーも増えている。企業を疲弊させるような「クレームストーカー」と呼ぶべき人間が激増しているのだ。

困ったことに、しつこい苦情と違法なクレームは明確な線引きができない。

苦情は大切な顧客情報であり、お客さまはお客さまに変わりはない。たとえ、その人が毎日会社に押しかけてきてわめき立て、営業妨害になったとしても、だ。

ここでクレーム処理を大きく誤ると、企業は存亡の危機に陥りかねない。


私はかつて、大手のメーカーで営業マンとして、悪質なクレームのすべてにたった一人で対応した経験がある。

たとえば販売店で自社の製品を買った人が、クレームの電話をかけてくる。

そこで対応を誤り、顧客とトラブルになったりすると、販売店は私たちの会社の製品を入荷してくれなくなる。その販売店が全国に展開するチェーン店であれば、結果、売上げはガクンと落ちることになる。

あるいはトラブルになった当の相手が自社の悪口を言いふらし、口コミで広がって、信用を失う場合もある。そんなことになったら、営業マンとしての自分の首を絞めるのみならず、会社の利益とブランド価値を大幅に下げてしまうのだ。

クレームの電話をかけてくる人のなかには、何時間も文句を言い立てる人が少なくない。不当な賠償請求をしてくるクレーマーもいる。電話で延々、怒鳴り続ける、脅し、恐喝なんてザラだ。暴力団が関与する凶悪なクレームもあった。

ところが、弁護士に相談してもまったく埒が明かなかった。弁護士は、法律論を盾にして全面的に戦うか、相手の言うなりに賠償金や慰謝料を払うか、二者択一のアドバイスしかしてくれない。

上司も他の営業マンも、危ないクレームは、逃げるが勝ちを決め込んでしまう。クレーマーからの電話が鳴り続け、振り向いたらオフィスの部屋には誰もいない。結局、悪質なクレームは、私が担当することになってしまったのだ。

当時、クレーム対応は大げさではなく命がけだった。だから私は、顧客と販売店の狭間に立って、いかにして会社を守るかを必死に考えた。

顧客ともめて裁判沙汰になりかねないケースでは、杓子定規な法的手段では解決できないばかりか、逆に最悪の事態を招くリスクを伴う。弁護士の言う通りにしたら、裁判では勝てるかもしれないが、相手に逆恨みされて逆襲される可能性だってある。別に暴力団員ではなくても、人間、感情がこじれれば何が起こるかわからない。それによって新たな事件に発展すれば、マスコミの恰好の餌食になる。

ならば、どうすればいいのか。

対処の仕方のヒントになったのは、地域の警察の方々の、

「法律は万能ではないから、どうやったらみんなが幸せになるか考えなさい」

という言葉だ。悪らつなクレームによって自分の身に危険が迫り、助けを求めに行った警察署で、刑事さんたちは誰しもそのように言ってくれた。

だからＬａｗ（法律）より証拠、なのである。

執拗なクレームや恐喝まがいの脅しは、刑事事件につながることを考慮しなければならない。しかしながら、法律で戦うのは、最後の手段にすべきなのだ。

クレーマー相手に、理論武装をして法的手段で戦っても利はない。動かぬ証拠集めをして、相手が納得して引かざるを得ない落としどころを見つけるのが肝要だ。

この営業マン時代に、法的手段による発想を超越し、なかおつ合法的な手立てで対処した経験が、現在の私の仕事のベースになっているのである。

クレーマー対応の鍵を握るのは、地域の警察、消費者団体、業界団体、そしてクレーム対応に理解のある弁護士との連携だ。

地域の機関、組織の人々との人間関係なくして、クレーム対応はうまくいかないといっても過言ではない。ひと言で言ってしまえば、こちらの正当性と相手の不当性を裏付ける証拠集めをしたうえで、地域の人々に味方になってもらえれば、法律で戦う必要はない。ほとんどのクレーム問題は、合理的な着地点にたどり着くことができるのである。

悪質なクレームストーカーに狙われて、社員は心身共に疲労し、土台が傾きそうになっている企業を私はたくさん見てきた。そして、そうした企業が突破口を見出し、トラブル解決をはかるためのお手伝いをしてきた。

この本では、膨大な案件で私が培ったノウハウのすべてをご紹介したいと思う。

私がこれまでに実践してきたことを綴ったこの本が、クレームに悩む企業の一助となれば、エビデンサーとしてこれ以上の喜びはない。

平成二二年一月吉日

平塚俊樹

〝誰も知らなかった〟

クレームストーカー対策マニュアル――もくじ

プロローグ
クレーム対応が企業の経営を左右する！
――恐るべきクレームストーカーの実態とは？

第1章
組織犯罪に対抗するには地域の警察と協力しよう
——放置自転車処分から予想もしない窮地に！

第2章
地域の自治会や商店会とコミュニケーションすべし
——接客業を悩ませるクレーマーの手口とは?

第3章
ストーカーは「対応しないという対応」で防御せよ
——恐怖のクレームストーカーの目的はどこに？

第4章 「個人情報保護法」の悪用はこうやって阻止せよ
――ネットやメールを介して社員が狙い撃ちに！

第5章
トラブル解決のキーになるのは消費生活センターだ
——抗弁権の接続をかけられたらいかに対抗すべきか？

第6章 クレーム対応に費用対効果を期待する企業は潰れる
――アフターサービス会社の悪評から顧客離れが！

第7章 地域住民の理解と共感なくして店舗の存続あらず
――騒音裁判で地域住民に勝つとどうなるか？

エピローグ
誰も知らなかったクレーム対応の技術！
——企業を守る完全マニュアルはこれだ！

編集協力　海部京子
装　　丁　冨澤崇（EBranch）
図表作成　横内俊彦

プロローグ
クレーム対応が企業の経営を左右する!
——恐るべきクレームストーカーの実態とは?

小さなトラブルを見過ごすうちに企業は傾く

あなたの会社は今、以下のような状況に陥っていないだろうか。

自社の製品または商品の販売成績が落ちてきた。
自社の評判が悪くなり、ブランド価値が下がってきた。
地域の住民とのトラブルが絶えない。

こうした傾向が見られるとしたら、クレーム問題がからんでいるケースが多い。

ここ数年、企業から私が受ける依頼は、クレームなどのトラブル対応と経営の見直しに関する案件が目立っている。

依頼する企業は、クレーマーによって打撃を受け、売上げに大きな影響が出ている。クレーム対応を担当する社員が次々と辞めてしまい、優秀な人材がいなくなったり、せっかく広げた支店や店舗を閉じざるを得なくなった企業も多数ある。

なぜそこまで危機的な状況になったかというと、悪質なクレーマーが増加しているにもかかわらず、まったく対策を打っていなかったからだ。

違法行為も辞さないクレーマーに付け狙われたら、最悪、会社が潰れるということを認識していない企業が多いことに驚かされる。いや、認識していないならまだいい。会社が潰れる前に、迅速に対策を講じれば、失った利益を挽回することはできるのだから。

もっと危険なのは、万全な防備を張っているつもりで、それが何のバリアにもなっていない企業だ。

「いやいや、うちは刑事裁判で連戦連勝の大手法律事務所がついているし、本社所在地の警察署長もよく知っているし、地元選出の○○先生とも懇意だし、地元新聞の社主とは昔からのつき合いがあるし、クレーマーなんぞ目じゃないですよ」

そうおっしゃる経営者もおられるだろう。

しかし、ことクレーマー問題に関しては、大手法律事務所も、警察署長も警視総監も、衆議院議員の○○先生も、地元新聞の社主も、企業にとって武器にはならない。ならないどころか、事態の収拾の障害になることさえある。

悪質なクレーマーの多くはプロなのだ。有名企業であろうが何だろうが、お金をとれるところからとろうとする。クレーマーに対して高をくくっている企業を、やつらは決して見逃さないということは、経営者なら肝に銘じておかなければならない。

近ごろは企業の不祥事が発覚して、マスメディアを賑わせている。

あの会社が、というような企業が信用を失墜させ、多大な損失を出している。ああした諸々の事件だって、一見クレームとは関係ないようだが、もとをたどればクレーマーの口コミやタレコミ、またはプロのクレームストーカーのたくらみに端を発していたりする。小さなトラブルを看過しているうちに、大きな事件になって、経営陣がカメラの放列の前で泣く泣く頭を下げる羽目になってしまうのだ。

実際、クレーム対策に無頓着な企業がいかに多いことか。

私は仕事柄、社会面のほんの数行の記事から、インターネットの企業関連のサイトやブログまで、常に目を通すようにしている。

企業が傾く予兆は、小さな問題が出た時点であらわれている。「A社の商品で主婦がケガ」とか「B社の社員が見知らぬ男に殴られて負傷」など、ちょっとした何てことのない三面記事のむこうに、悪質なクレーマーの存在がちらほらと垣間見える。

クレーマーはシロアリのようなものだ。「これはおかしい」と感じたら、早急に対策を打たなければ、気づいたときには企業の土台は根本から蝕まれてしまう。

名の知られた企業でも、危ないと思われる会社はたくさん存在する。

「ここは、遅かれ早かれやられるだろうな」

という会社を指折り数えると、十本の指では到底足りない。

クレーマーと戦う企業の前に立ちはだかる法の壁

近年はパソコンや携帯電話の発達と普及によって、クレーマーの手口も巧妙かつ多種多様になってきた。大手企業では、人材派遣会社に委託して、インターネット対策に多額の予算と人間を割いているところもかなりあるようだ。

とはいえ、敵は次から次へと想像もつかない手で攻めてくるので、企業はそれに追いつかないというのが実情である。

しかも悪質なクレームで企業を陥れるのは、金銭目的の暴力団員に限ったことではない。普通の若者や主婦、会社員、はたまた社会的に地位の高い仕事に就いている人間までが単独で、あるいは暴力団などの黒幕とつながってクレームを仕掛けてくる。

つまり今は、誰がどこからどうやって攻めてくるのか、皆目、見当がつかないのだ。

いったいなぜ、企業を揺るがすようなクレーマーがこれほど増えたのだろうか。

原因のひとつは、やはり**何と言っても経済の低迷**である。

二〇〇八年、メーカーを中心に派遣社員の大幅な雇用打ち切りが断行された。景気が悪くなり、今は、お金はないが時間はあるという人間があふれている。お金がなくて暇だから、小遣い稼ぎにクレーマーになる輩がいる。また、そういう人間に目をつけて入れ知恵したり、束ねたりしている暴力団系の下部組織もある。つまりクレーマーが増える土壌が社会にあるのだ。

それからもうひとつ、**企業を守る法律が整っていない**という点もあげられるだろう。

そもそもクレームというのは苦情という意味で、本当に企業に瑕疵があれば、弁償をするのは当然だ。以前、お年寄りをターゲットにした悪徳商法が増加したため、二〇〇〇年に消費者保護のための「消費者契約法」が公布された。

クレーマーはこの法律を逆手にとってくるのだ。

企業に明確な瑕疵がないのに、クレーマーは難くせをつけてくる。なのに、彼らは消費者契約法という法律に保護されているから、法廷で戦えば負けないのである。

近ごろ頻発しているのは、ある商品を買って、さんざん使ったり飲んだり食べたりしたあげく「これこれこういう商品ですと宣伝しているのに、全然違うじゃないか」と訴えて、いきなり裁判に持ち込んでしまうケースだ。

普通に考えれば「どう見ても言いがかりだろう」と思うのだが、裁判では「二割返金しなさい」という和解案が出てしまう。

消費者契約法というのは、かいつまんで言えばこういうことだ。

「企業とお客さんとでは、もともと情報の量や質や交渉力に差があります。だから、お客さんが『これは宣伝していたことや言っていたことと違う』と思ったら、契約書や説明書に『何々の場合は返金しません』と謳っていてもそれは無効になります。お客さんは商品を購入した際に、誤認したり困惑したのだから返金しなさい」

すなわち法律の上では、企業に勝ち目はない。だから返金狙いでくる小物もいれば、そこから企業自体を乗っとる足がかりにしようとする大物もいるわけだ。

大物がついている場合でも、裁判を起こすのは操られている普通の若者や会社員だったりする。黒幕は決して表には出てくることはしない。姿は見せずに、陰で組織的に動き、企業そのものを潰しにかかるのである。

かつてはこういう黒幕は、振り込め詐欺の元締をしていた者が多かった。しかし、振り込め詐欺の取り締まりが強化されて回収率が悪くなってきている。不景気になると、法人からしかお金がとれない。こうして今、クレーマーが激増しているのだ。

不況が続くとお金をとれるのは法人しかない

ところで、**クレーマー増加の背景には弁護士の経営事情もある。**

弁護士は私たちが考えるほど、高収入の人ばかりではない。大都市の中心地に事務所を構え、年収数千万円を楽々と稼ぎ出す弁護士などほんの一握りだ。

大多数の弁護士は、事務所を維持していこうとしたら、効率良く仕事を獲得しなければならない。そんな弁護士にとって、収入源になっているのがサラ金の過払い訴訟だ。ところが、ローン会社が国から規制を受け、今後は過払いが生じにくくなる。ということは当然、実入りが減る。

ならば、これからは何が収入になるかというと法人の案件だ。法人は個人と違い法人情報保護法なんていう法律はない。法人は情報がすべてオープンなので攻めやすい。悪人にはこの上ないエモノになる。クレーム問題で困っている企業に訴訟を勧めて、相手の弁護士と交渉する。消費者からのクレームで裁判になったら、最初から勝ち目は薄いことは弁護士にはわかっている。わかっていて企業に裁判をさせて、自分の取り分は確保するのだ。これほど着実な仕事はない。

さらに、**認定司法書士の活動もクレーマーを増長させている側面がある。**

司法書士は、簡易裁判所における訴訟代理や、和解についての法律事務ができる。そのため、彼らは悪質な企業に商品を売りつけられたら「どんどん裁判をしなさい」という活動を進めている。

もちろん司法書士が、困っている消費者に「訴状を書いてあげるから、悪い業者と戦いなさい」と言うのは間違っていない。だが、その「困っている消費者」のなかには、消費者保護の法律を悪用してイチャモンをつけるクレーマーも当然いるのだ。

裁判になって弁護士を立てて争うなら、和解してお金を払ってしまおうという企業も少なくない。クレーマーはそれを知っていて、司法書士に訴訟代理を依頼する。司法書士は、訴訟が増えるほど収入を得ることができる。結果的に、クレーマーと司法書士の利害が一致してしまっているのだ。

弁護士にしても司法書士にしても、誠実で優秀な人はたくさんいる。一方、なかば確信犯的に悪党の片棒をかついでいる人間もいる。

私は、法人、個人の案件を通して、多くの悪徳弁護士とも戦ってきた。

高齢の資産家の後見人になって、勝手にお金を引き出す弁護士。交通事故被害者の女性を逆に訴えるよう、裏で糸を引く加害者の弁護士。本来は離婚しなくていい夫婦を離婚させて、慰謝料をせしめようとする弁護士。

枚挙にいとまがないが、悪徳弁護士も増えているのはたしかだ。企業のクレーム問題でも、弁護士がクレーマーのくわだてに加担している事例もめずらしくはないのだ。

いまや企業にクレームをつけてくるのは、いかにも暴力団員風のコワモテの男などほとんどいない。しつこく電話をかけてきたりメールを送ってくるのは、ごく普通の会社員やOLだ。しかし、彼らを操っているいちばん悪いやつは誰なのか、ということである。

不景気が長く続くと、間違いなくお金をとれるのは法人だ。

悪知恵を働かせて稼ごうとする組織や人間は、あの手この手を使ってくるということを、企業は知っておかなくてはならない。

最も厄介な、社員を狙うクレームストーカー

企業が提供する商品や製品に対するクレームの他、最近、最も増えているのはお金が目的ではないクレームストーカーだ。

クレームストーカーとは、クレームを言い立てて社員を狙うストーカーである。

これは私も手こずるほど手強い。金銭目的なら解決の方法はいくらでもあるが、彼らの要求はお金ではなく「あなたが欲しい」なのだから。

クレームストーカーが増えたのは、ストーカーに対する対策が進んだことが大きい。

一九九九年一〇月に起きた桶川ストーカー事件を覚えておられるだろうか。

埼玉県桶川市で、女子大生が元交際相手らによって殺害された事件だ。この事件は警察が捜査をせず、放置していたため殺害にいたったとして埼玉県上尾署は批判をあびた。

この事件の結果を受ける形で、二〇〇〇年九月に「ストーカー規制法」（ストーカー行為等の規制等に関する法律）が成立。以後、警察は女性が危険な目に遭っていたら、ストーカー行為を働く者に積極的に介入するようになったのである。

世の中にはストーカーを趣味にしている輩もいるし、恋愛感情をストーカー行為でしか表現できない人間もいる。しかし、ストーカー規制法の施行によって、気に入った相手につきまとったりする行動は、ほとんどできなくなってしまったのだ。

だったら、どうすればいいんだろう。そう考えた彼らは気づいたのである。

「そうか、**クレームを隠れみのにストーカーをすればいい**んだ」と。

たとえば、ある店舗で担当の女性を気に入ったとしたら、「担当のくせに誠意がない」と仕事に文句をつける。日に何度も何度も電話をかけてきて、何時間も担当の女性と話をする。その女性は精神的にまいってしまい、会社側も「これでは業務が成り立たない」ということで、警察に駆け込むことになる。

ところが、これはストーカー規制法に適応しない。入り口は社員の応対に対するクレームなので、企業対消費者の問題になってしまうのだ。

最近、私のところに寄せられる企業の相談のなかでは、この厄介なクレームストーカーの問題がものすごく増えている。

企業が戸惑い、対応に苦労するのは、相手が金銭を要求しないという点にある。要求したとしても、べらぼうな金額でとても出せる額ではない。いったいどうすればいいのか、相手の目的がわからないという相談が激増しているのだ。

相手の究極の目的は、目をつけた女性なり男性を手に入れることだ。

ストーカーというと、女性が被害者で男性が加害者であることが多いと思われているようだが、男性が女性に追いつめられている事例も少なくはない。また男性が男性にストーカーする事例も増えている。

女性にしろ男性にしろ、その社員を仕とめるまでは、クレームを口実にしてどこまでもつきまとうのである。

問題は、クレームから入ったストーカーには警察は手出しができないということだ。

ストーカー規制法では「つきまとい等」として「恋愛感情などの好意の感情、その感情が満たされなかったことへの怨みなどの感情を充足させる目的で」と規定している。すなわち恋愛感情が関わっていなければ、法が定めるストーカーにはならないのだ。

仮に警察に行って経緯を話し、警察官も「わかった、それは大変だ。このまま放っておけば、その客の行動はどんどんエスカレートして、目をつけられた社員に危害がおよぶかもしれない」と言ってくれたとしよう。ところが、いざ警察が対応するとなれば、管轄は社員の居住地の警察署になってしまう。

企業としては、社員がつきまとわれて困っている。だから、その店舗なり支店のある警察署に届け出たのに、担当するのはその社員が住んでいる地域の警察署になるわけだ。そして、またその警察署で一から説明しなければならない。

結局そんなこんなで、あれこれ手続きに時間がかかっているうちに、社員はストーカーから実害を受けてしまう。二〇〇九年八月、東京・新橋の耳かき店の女性従業員は、お客の男からつきまとわれているとして、警察の一一〇番に通報したりしている間に被害に遭った。最も恐れていた最悪の結果になったのである。

クレームストーカーの対処は警察を味方にする

こうした恐るべきクレームストーカーは、法律の手順を踏んでおさめようとしたら、まず百パーセント対応できない。

防ぐ方法はただひとつ。会社が警察と協力して、社員を守ってあげるしかない。そのためには、ふだんから地域の警察と人間関係をつくっておくことだ。会社の本社所在地ではなく、各店舗、各支店の地域の警察と良好な関係を築いておくのだ。

地域の警察に顔見知りの刑事さんや警察官がいれば、ストーカーだろうがクレーマーだろうが、本当に危険が予測されるときには動いてくれるのである。

このごろは若い女性社員だけが狙われるとは限らない。中年男性も中年女性も、高齢者でさえもターゲットになっている。男が男性社員を狙うケースも少なくないし、若い女が中年の男性を追いかけ回す事例もある。

たとえば中年の男性社員が、若い女の客に狙われて「あなたの対応がひどかったから、精神的なダメージを受けた。謝ってほしい」と言われたとしよう。

その男性は当然、お客である女に謝罪をする。ところが女は、どれだけ謝っても絶対許さない。そして週に何度も話し合いを強要する。男性の携帯電話に一日何十回もかけてくる。そうなったときに、面識もない警察官に「なんとかしてくれ」と頼んでも「ふうん、若い女の子に追いかけられてうらやましいな」で終わってしまうのだ。

そのうち、こういうタイプの女は間違いなく、インターネットに実名で「○○社の××店の△△にレイプされた」といった書き込みをするだろう。

その噂はたちまち広がる。会社は世間から白い目で見られる。奥さんにも知られて、家庭はめちゃくちゃになる。やがて男性のほうがうつ病などになって、ついには休職にまで追い込まれてしまうのだ。

このような**クレームストーカー問題で決着をつけるには、警察に助けてもらうしか手はない**。法律ではまったく対応できないと言っても過言ではない。

私は、個人の案件でストーカーも多数扱ったが、これは警察の手を借りないとどうにもならないことをイヤというほど思い知らされている。

なぜなら、ストーカーは諦めるということを知らないからだ。

ストーカー規制法による罰則は、ストーカー行為を行うと「六月以下の懲役または五〇万円以下の罰金」である。実態は、ほとんどは執行猶予か罰金刑で、犯罪者心理からしたら実質無罪だ。

皆さんは知らないだろうが、実際は裁判で判決が出たその時点で犯罪者はすぐ世の中に帰ってくるのである。一般人から見たら無罪放免の状態で解放されたらどうなるか。結局またやって来る。そうして再び被害者につきまとうようになる。これは被害者にとって恐怖だ。

かといってクレームを隠れみのにしたストーカーに対しては、警察は原則として動けない。恋愛感情を表に出さないストーカーに警察が警告を入れるわけにもいかない。

ストーカー行為をしているといっても、相手は社員の対応に苦情を述べているだけで「好きだ」とか「つき合え」とはひと言も言っていない。ましてや現状では、暴力的な行為を実行しているわけではないとしたら実害はない。

狙われた社員と会社にとっては、もちろん被害甚大だ。なぜ警察は助けてくれないんだろうと歯がゆく思うだろう。だが、警察の立場も考えてみてほしい。法律上ストーカー規制法に抵触しない問題で、そのたびにパトカーを出動して逮捕などしたら大問題だ。

だからこそ常日頃から、地域の警察に自社の業務内容をきちんと伝えておき、コミュニケーションをとっておく必要があるのだ。

地域の警察署に面識のある警察官が何人かいれば、「うちの社員がお客さんにつきまとわれて、ほとほと困っている。このままだと危ない」と相談すると、ちゃんと話を聞いてくれて、「とにかく逃げなさい」というアドバイスしてくれる。いくら面識があっても、警察だっていきなり捕まえに行くわけにはいかない。すぐさま捕まえてくれるわけではないが、警察も「これは事件化する危険性がある」と認識してくれるのだ。

そうするとストーカー行為がエスカレートしてついに逮捕にいたり、執行猶予がついて出てきて再びつきまといをしたら、今度は迅速に逮捕してくれる。逮捕も四回目ともなれば、実刑になって刑務所行きとなる。ここでやっと一件落着となるのである。

ストーカー規制法に限らず、法というのは融通のきかないものだ。どれだけ被害を受けていても、明らかに法律に違反していなければ相手は警察に拘束されることはない。

だから粘質的なクレームストーカーに社員がつきまとわれてしまったら、地域の警察が「こいつは許さない」という判断を下さなければ終わりはない。逮捕されない限り、どこまでもどこまでも諦めずに追いかけてくるからだ。

社員目的のクレームストーカーの対応は、警察の手を借りなければ解決はできないということを、企業の店長、支店長の方々はぜひ覚えておいていただきたい。

クレーマーに精通した顧問弁護士は必要不可欠

悪質なクレームストーカーの多くは、法律の間隙をついて悪事を仕掛けてくる。逮捕覚悟で事におよぶやつはほとんどいない。事前に準備をして「これならだいじょうぶ」と踏んだうえで行動している。飲食業から、不動産業、代理店業など、接客を行う企業の社員は、そのような冷静かつ執拗なやり口で追いつめられているのだ。


企業の社員に対するクレームストーカーではないが、二〇〇八年五月に地裁判事による女性職員へのストーカー行為が発覚した。

判事はフリーアドレスで匿名のメールを、女性に大量に送りつけていた。女性は県警に相談したが、メールが匿名で目的もはっきりしないためか、当初、県警ではストーカー規制法に基づく警告は行わなかったそうだ。しかし調査の結果、判事は逮捕された。逮捕された判事は警察の調べに対して「恋愛目的ではなかった」と供述しているという。

この「恋愛目的ではなかった」というのがミソだ。判事は「ここまでならだいじょうぶ」と計算していたのだろう。私の想像だが、おそらく警察は怒ったのである。「法の番人たる判事が、法律の網をかいくぐって不埒なことをするのは許さない」と。だからストーカー規制法の境界線にあっても、逮捕におよんだのだと推察される。

私が何を言いたいかというと、大半のクレーマーやストーカーは法律では絶対に勝てるという確信をもっているということだ。

法の隙間から攻めてくる相手に、法で戦っても勝算はあまりない。したがって、企業は法律で立ち向かうのは最後の手段にしなければならない。

企業によっては、社員をターゲットにしたクレームストーカー問題を弁護士に一任する場合があるが、これははっきり言ってまったく得策ではない。

先に述べたように、クレームから入ったストーカーはいかなる法律にも適合しないからだ。社員に毎日、電話をかけてきて、会社の前で待ち伏せをする。しかし、やつらは「おれとつき合え」とは決して言わない。「おまえの接客態度はなっていない。誠意を見せろ」と言ったら、それはあくまで消費者の立場での苦情だ。そうなると弁護士はお手あげになってしまうのだ。

ただし**事態が深刻化してきたら、警察、弁護士との連携は必要**だ。

だから、こういうケースでは法律一辺倒の弁護士ではなく、ソフトランディングできる方策を立てられる弁護士でなければ太刀打ちできない。弁護士がシャシャリ出てきて、いきなり告訴して対決しようとすると、社員に危害がおよぶ恐れもある。

ちなみに私がクレームストーカーの案件で相談する弁護士さんたちは、何がなんでも法律を盾に戦おうとはない。敵に対して真っ向から宣戦布告するのではなく、「こういう方法があるよ」と対策を考えてくれる。彼らは法の番人として、法を熟知しているからこそ、クレームストーカーにどう対すべきか理解しているのだ。

多くの企業では、クレーム問題の対処にヤメ検の弁護士を立てたり、警察官ＯＢの顧問などに委任したりするが、ほとんどは良い結果は得られない。ああいう方々は、概してクレームストーカーの屈折した心情がわからず、すぐ法的手段に出ようとする。そして報道ネタになり、当の社員のプライバシーが侵害されたり、報道陣が押しかけてくる騒ぎになってしまうのだ。

よってクレームストーカーの対応については、できるだけ事件化せずに、どうしたら警察に動いてもらえるか考えられる弁護士であったほうがいい。事態の進展を見守ってくれて、いよいよ事件化するしかないという事態になり、警察から「弁護士さん登場してくださいい」と言われたら、快く出てくれる弁護士がいちばんいいのだ。


これだけクレームストーカーが増加している時代にあって、企業はクレーム問題に精通している顧問弁護士は絶対に必要である。

ところが、経済の低迷が続くなか、顧問弁護料も出し惜しみをする企業が増えている。月五万円かそこらの、しかも損金計上できる顧問料をケチる神経を、私はとても理解できない。

クレーム問題に柔軟に対応できる弁護士がいなければ、おいしい獲物はないかと探しているクレーマーに、いつでもうちにどうぞと言っているようなものだ。

もはやクレーム問題は経営問題ととらえるべし

私が企業の方々に常にお話ししているのは、クレーム対応は企業の要だということだ。実際にクレーム対応を大きく誤った企業は、利益を大幅に下げている。

インターネットが発達しているこの時代、口コミの威力はすさまじい。悪質なクレーマーに付け入られて、たちまち経営が傾く企業は後を絶たない。

かつては業界屈指の企業でありながら、現在、下り坂をたどっている大企業はたくさんある。凋落の直接的な原因はさまざまだが、そうした企業に共通するのは、クレームに対する危機感がなかったということだ。

ネットがこれほど普及していなかったころ、顧客からの苦情に高飛車に対応したり、まともなクレームも平気で無視をしたりする企業は星の数ほどあった。あるいは大企業の多数は、悪質なクレームに対して「そんなもの裁判で叩き潰してやる」といった、法で戦う対処の仕方に終始していた。

そのような体質の企業は今、どこも売上げの低迷という制裁を受けている。

固有名詞は出さないが、「ああ、あの会社も、あの会社も、そうだろうな」と思い浮かぶ企業はいくつもあるのではないだろうか。

このごろのクレーマーの大きな特徴は、ここまで述べてきたように、法律の隙をついて攻めてくるということだ。新手の犯罪が増えると、それを防ぐために新たな法律を制定したり、既存の法律を改正したりする。クレーマーはそうした法律の矛盾につけ込んだり、逆手にとってワナを仕掛けてくるのである。

だから企業にとって今いちばん大切なのは、法律は会社を守ってくれないということを改めて心しておくことだ。

法律というのは、消費者が弱者、企業が強者という前提のもとにつくられている。個人には人権があるが、法人には法人権なんてものはない。消費者契約法にしても、クレーマーに悪用されれば企業に分はない。クレーマーは消費者の権利を主張してくるから、企業はやられっ放しだ。すなわち**法の前では、企業は実は弱者**なのだ。

であるなら、予想もしないやり方で法を盾に狙ってくるクレーマーに、企業はどう対抗すればいいのか。

私は依頼を受けた企業に、いつも「相手が法律を盾にしてきたら、法律で攻めてはいけませんよ」とアドバイスしている。悪質なクレーマーのなかには、弁護士をつけて法廷闘争に持ち込む輩もいる。そのとき消費者契約法がからむケースでは、二割返金という和解になって勝ち目はない。また裁判で勝訴しても、公開情報となり遺恨が残って思わぬ逆襲を受ける場合もある。どっちみち**法律で戦っても、良い結果が得られないことが多い**のだ。だとしたら、人間関係を武器にするのがベストの方法だ。

私が顧問をしている複数の企業では、「地域の人々を味方につける」というやり方で悪質なクレーマーに対応している。地域の警察、検察、裁判所、自治体、商工会、消費者団体、地元メディアなどなど。こうした組織や機関に足を運び、人間関係をつくって応援してもらうのである。

地域の法の番人にこちらの味方になってもらえれば、クレーマーがどんなに法律で武装してきても間違いなく勝てる。警察や法的機関に出向き、すべてをありのまま話して助けてもらう。法の番人をきちんとリスペクトして、いきさつを包み隠さず説明する。そうしたら、もともとこちらは言いがかりをつけられているのだから、警察や法的機関は協力してくれるのだ。

このように人間関係で解決をしていくと、ほぼすべてのクレーマー問題はきれいに片付く。法律で戦うよりもずっと、悪質なクレーマーに「この会社は手強いぞ」と思わせることができ、相手のほうからすっと引いていく。結果どうなるかというと、失いかけた信用を回復し、業務が順調に回り出して、停滞していた利益も上がるのである。

それでは次章から、具体的なクレーマー対策とそのノウハウをご紹介していこう。

第1章

組織犯罪に対抗するには地域の警察と協力しよう

――放置自転車処分から予想もしない窮地に！

放置自転車を処分しただけで窃盗になる!?

企業が気をつけなくてはいけないのは、ちょっとしたクレームからはじまったトラブルの背後に大きなワナが潜んでいるということだ。

その典型のひとつが、放置自転車を処分したことから思いもよらない事態に引きずり込まれるケース。はからずも組織犯罪とつながりをもってしまい、社会的信用を失う例が出ている。置きっ放しにしている自転車を片付けただけなのに、多大な慰謝料を請求されたり、期せずして暴力団企業とコネクトしてしまうのだ。

【事例】

暴力団企業のワナにはめられたG社

G社は地方都市の中堅企業である。不況にも関わらず、地道な経営に徹してどうにか売上げを維持していた。

本社は駅にほど近い市街地にある。そのため会社の前の歩道や裏の駐車スペースには、放置自転車が絶えない。古くなった自転車を処分するのが面倒で、駐車スペースに乗り捨てていく人も多い。あまりにも放置自転車が増えて、隣接するビルの持ち主からも苦情がくるようになったので、G社はとうとう対策に乗り出した。

まず放置している自転車に、引き取らなければ処分する旨を紙に書いて貼った。これで自転車の数は半分に減った。それでも引き取り手のない自転車に対しては「何月何日までに移動しない場合は処分します　G社」と期限をつけて貼り紙を貼ることにした。そして最後に二台だけ残ったので、仕方なく産業廃棄物として処理したのである。

するとと翌日。見知らぬ男が会社に乗り込んできた。

「おれの自転車を捨てたのは誰だ！」

「でも、何月何日までに処分しますと貼り紙を貼っておいたじゃないですか」

「おまえたちがやった行為は窃盗だ！　あの自転車は大事な自転車だったんだ！」

窃盗だって？　男に対応した社員は当惑した。男はさらに畳みかける。

「窃盗だよ。法律を調べてみろ。このままだと刑事告訴するからな！」

男は捨て台詞をはいて、足音荒く出て行った。

社員は男の言った「窃盗」という言葉が気になり、上司と一緒に顧問弁護士に相談することにした。そうしたら驚くことに弁護士も、

「残念ながら、男の言う通り窃盗罪になる可能性がありますね」

と言うのだ。G社は、男に「自転車を弁償します」と伝えたが、「ふざけるな、大事な自転車だったんだ。弁償してもらってもおさまらない」の一点張りだ。

堅実な経営で業績を伸ばしてきたG社は、困り果ててしまった。


これは日本全国の都市近辺でよく起こっている例だ。

自転車などの何らかの放置物をわざと置いておいて、それを会社に捨てさせる。会社としては、置きっ放しにされてもジャマになるので処分してしまう。ところが、これが地獄への入り口で法的には窃盗になってしまうのだ。

刑法では、窃盗について、他人の財物を窃取する実行行為と定めている。

この手の男はたいがい、ご丁寧にも「移動しない場合は処分します　G社」という貼り紙をこっそりデジカメで撮影して記録をとっている。「他人の財物を窃取」してしまったからには「窃盗」であることには間違いない。

そして男は、民事での和解は受け入れずに「刑事告訴は勘弁してやる」と言って、過大な額の請求をしてくる。これが悪質なクレーマーの王道コースだ。

しかし、**もっと怖いのはこの男が単独でやっているのではなく、暴力団組織と組んでいるケース**である。

その場合「じゃあ、自転車を捨てたのは許してやるから、知り合いの会社と取引してやってくれ」と持ちかけてくる。知り合いの会社とは、実は組織犯罪に関わるグループだ。ところが表向きは、組織犯罪に関わっているなどまったくわからない。しかも取引自体は巨額な取引ではなく、それほど負担にならない額である。

G社は「やれやれ、これで窃盗罪にならずにすむならその会社と取引しよう」と考える。「あの男は、知り合いの会社に借りでもあるのかな」と推測する程度だ。だが、いったん取引をしてしまったら最後、組織犯罪につながる協力会社ということになってしまう。

組織犯罪への協力会社になったらどうなるか。

G社は警察からマークされるだろうし、暴力団企業に敏感な取引先は調査をして、素早く取引を引いてしまう。いったい何が起こったのかわからないまま、あれよあれよという間に営業が滞って、経営が立ち行かなくなってしまうのだ。

こうして抜き差しならぬ状況にはめられてしまうのである。

法を破るように仕向けるクレーマーのワナ

日本の法律というのは「国民は法をすべて知っている」という前提のもとに適用されている。「自転車を片付けたら窃盗になるなんて知りませんでした」というのは言い訳にならない。ましてや法人が違法行為をすること自体が絶対に許容されないのだ。

G社が犯した致命的なミスは次の二つ。

●何であれ、他人のものを法の番人（警察・弁護士など）に相談せずに勝手に捨ててしまったこと

●処分する際に貼り紙をして証拠を残してしまったこと

会社や店舗の前にいろいろなものを置き去りにされて、それが積み重なると、腹に据えかねて処分してしまう企業は多い。

しかし他人のものを無断で捨てたりすると、法律上は窃盗になる。これは弁護士一〇〇人に聞いても、一〇〇人が「窃盗になる」と言うだろう。

よって勝手に捨てたのが、まず大きな失策。企業は「コンプライアンス、コンプライアンス（法令遵守）」と言いながら、こういう細かな法律を見過ごしがちだ。

たとえばマンションの管理会社なども、管理するマンション周囲の放置自転車を処分したりする。だが、もしそれが狙って捨てさせるたくらみだったら、これはどんな悪党が仕組んでいようと会社は弁解できない。「窃盗」に変わりはないのだ。

それから最大の誤りは、貼り紙をしたことだ。

「処分します　G社」という貼り紙をするのは、「窃盗」を公言するようなもの。貼り紙をして、それをデジカメで撮られたら致命傷になる。その会社が処分したという証拠が決定打になって、窃盗罪として追及されても仕方ないのだ。

悪質なクレーマーに付け狙われないようにするには、企業は「クリーンハンドの原則」を守るのが鉄則だ。

自転車などのジャマになるものやゴミを捨てたり置いたりするのは、もちろんそんなことをする相手が悪い。けれども、いくら相手が悪いといっても、勝手に捨てたら自分たちが法を犯すことになる。悪質なクレーマーはそこを突いてくるのだ。

法を破る者を、法は守ってくれない。それがクリーンハンドの原則だ。

だから絶対に自ら手を汚してはいけないし、手を汚すように仕向けられたワナに引っかかってはならない。**まず自分たちの手がクリーンであることが、クレーマーに陥れられないための大前提**なのである。

それでは放置自転車などがあったら、どう処理をすればいいのだろうか。

いちばん簡単なのは、証拠になる貼り紙などせずに、駅前に持っていくことだ。

駅前には行政から委託されたボランティアの人がいて、放置自転車を取り締まっていたりする。「わけのわからない自転車が会社の前に置いてあったから持ってきました」と言えば、預かってもらえるだろう。もしかしたら「自治体の放置自転車の集積場がどこそこにあるから、そこに持っていって」と言われるかもしれない。そうしたら、手間は惜しまずにさっさと運べばいいのだ。

あるいは近隣の交番に持っていけば「盗難された自転車かもしれない」と言って処置してくれる場合もある。または市役所に連絡すれば、何々市役所という名の入った貼り紙をくれるかもしれない。

それぞれ地域の警察や自治体によって対応は異なるだろうが、とにかくまずは公的な機関に持っていくなり相談をするべきだ。いずれにしても「移動罪」なんてものはないのだから、自転車を動かすだけなら罪にはならないのである。

要は常識論で考えること。人のものを捨てたりしたら、その時点でアウトだ。いちばんまずいのは社員が独断で捨てて、男から脅されていることを会社に隠蔽するケース。そういう場合は事が発覚したときには、取り返しのつかない事態になってしまう。そういう意味では、**ふだんから社員への指導、危機管理教育もしておかなくてはならない**だろう。

常識を忘れて勝手に捨て、悪質なクレーマーに付け込まれたら警察からも自治体からも見放される。クレーマーが刑事告訴をしたら警察も受理しなくてはならないし、そうなったら会社は敵の手にはまってやられ放題になってしまうのだ。

取引先が静かに引いてはじめてわかる真実

今度は最悪のケースについて考えてみよう。

危険なのは、クレームを入れてきた男が暴力団企業と組んでいる場合だ。

よくある手口は、男が乗り込んできて「おれの自転車を捨てたな！　窃盗で訴えてやる！」と言う。弁償すると言っても、和解に持ち込もうとしてもガンとしてはねつける。

そうして企業が途方に暮れたところで、こう言うのだ。

「わかった。じゃあ、こうしよう。刑事告訴はしないから、そのかわりおれの知り合いが植木業者をやっているので、そこの植木を置いてやってくれないか」

月五〇〇〇円で鉢植の植木を置いてくれないか、と言うのである。

企業にしてみれば、刑事告訴は何がなんでも避けたいところだ。地方なら書類送検されただけでも、下手をすれば地元紙に大きく出てしまう。そうすると噂になって、会社の信用はガタ落ちになる。

それが月に五〇〇〇円の取引ですむなら御の字だ。すごい剣幕で怒っていた男は、態度をやわらげて引き下がってくれる。取引をすることになった業者も、とても礼儀正しくて感じがいい。ところが、この植木業者が暴力団企業だったりするのだ。

これが、**健全な企業を暴力団に同化させるプロの巧妙なやり口**だ。

最初に怒鳴り込んでくる男は、見るからにヤクザといった風体ではなく、どこにでもいる、ちょっとうるさいオヤジというくらいの印象である。企業が「知り合いの業者と取引をする」と了解すれば、たちまち機嫌が良くなる。やってきた業者の営業マンも作業員も、どこから見ても暴力団関係者には見えない。応対するうちに仲良くなり「もう少し植木を入れてもらおうかな」なんて言って、どんどん取り込まれていく。

しかし、そうやって気づかないうちに暴力団企業とつながってしまうと、他の取引先が引いていくのである。

まず離れていくのは欧米の外資系企業だ。

外資系企業は「ヤクザ」とつながっている企業を徹底的に調査している。たとえば欧米の企業から素材を輸入していたり、製品を輸出していたら、そうした企業はすみやかに取引をやめると告げてくるだろう。そして外資系の代理店や国内の取引先にも噂が伝わって、それらの企業も静かに離れていくだろう。

えっ、どうしてだ？　これはおかしい。社内であれこれ調べ、そうやってぐずぐずしているうちに、時間は過ぎていく。そのうち地域の警察の組織犯罪対策課にマークされて、公的機関から組織犯罪への協力会社という烙印を押されてしまうのだ。

そこで、ようやく植木業者が暴力団企業とわかって手を切ろうとしたら、今度は本性をあらわして牙をむいてくる。「自転車を盗んだだろう」が蒸し返されて、「刑事告訴するぞ」と脅してくる。書類送検されれば、取引している地元の金融機関から「おたくは悪い噂があるが説明してほしい」と言われて、融資を打ち切られる可能性もある。そうなれば、あとは破滅へとまっ逆さまに落ちていくしかないのだ。

警察に相談する際は正直に話すのがポイント

組織犯罪と水面下でつながっている企業は数多い。ここでは植木業者を例にあげたが、産廃業者、不動産業者、建築土木業者など、暴力団と密接な関係のある企業はたくさんある。ところが、組織犯罪とつながる企業かどうかは見抜くことはできない。また多くの中小企業は、ここは暴力団関係かどうか逐一調査する体力もないだろう。

万が一、暴力団企業とつながってしまったら、まずは地域の警察署に相談することだ。**絶対にしてはいけないのは、弁護士を通じてお金で解決しようとする対応**である。そんなことをしたら、相手は絞りとれるだけ絞りとろうとする。相手との交渉がこじれたら、危害を加えられる心配も出てくる。社員の自宅にまで脅迫電話をかけてきたり、夜道で待ち伏せされたりするかもしれない。

だから警察に協力してもらうためには、警察署の組織犯罪対策課や生活安全課の防犯係の警察官などに洗いざらい話すことから始めなくてはならないのだ。

まずもって自転車を捨ててしまったのが大失敗であるから、警察官にも「もともと捨てたあんたたちが悪い」と怒られるだろう。だが、警察に窃盗がバレるのは困るとか、警察沙汰にしたくないなんて言っている場合ではない。緊急事態が発生したら、守ってくれるのは所轄の警察しかいないからだ。

ただし、いきなり警察に助力を求めても警察官は動いてはくれない。

警察というのは、原則として事件にならないと動いてくれない組織だ。

G社のように、勝手に自転車を処分して暴力団企業とつながってしまい、脅迫されているとする。しかし、脅されているだけで実際に危害を加えられていないとしたら、警察は手は出せない。地域の企業の人間がやって来て「暴力団にワナにかけられた」と言ったとしても、警察がいちいちその言葉を真に受けて「よしわかった」と相手を逮捕していたら、世の中はめちゃくちゃになってしまうからだ。

それはそうだろう。仮にG社がある企業をはめようとして、警察署に駆け込み「何々という会社にワナをかけられて脅されている」と嘘をついていたらどうなるか。

現実に警察の力を利用して、悪だくみを仕組む人間も今は多い。たとえば悪い組織に操られている女が、夫から慰謝料をふんだくろうとして「夫に暴力を振るわれている」というので警察署に逃げ込んできたりする。都心にある警察署などは、そんな相談が嘘も事実も含めて一日に二百件くらいあるそうだ。

だから警察署で相談する場合には、次の三つがポイントになる。

●隠しごとはせずに簡潔に正直に話す
●法律用語を駆使したりして理論武装をして説明しない
●事実のみを伝える

G社の場合、自転車を捨てたのをごまかして、とりつくろったりしたら警察は何か怪しいなと察知するだろう。都合の悪いことは隠して、「助けてください」では動いてはくれない。警察を騙して、動かそうとするやつは掃いて捨てるほどいるのだ。

それと警察に対しては、法律論で攻めるのもマイナスだ。

企業の人はよく、警察に行って、弁護士に教えてもらった通り「脅迫行為を受けているので取り締まってください」といった言い方をしてしまう。

しかし普通の企業の人間の言うことが、法律に合致していて詳しければ詳しいほど、警察は疑念をもつものだ。これも「警察を利用して何かしようとしているのではないか」と勘ぐられる。だいいち警察署には大小さまざまな相談が寄せられていて、みんな忙しい。法律論で話をしたら怪しまれるか、「そういうことならうちでは対応できません。地検のほうに行かれたらどうですか」と言われるのがオチだ。

したがって大事なのは、事実をありのまま正直に伝えること。そして「法律ではこうだから相手を捕まえてください」ではなく、素直に「助けてください」と言うこと。また、終章のエピローグで示すような時系列表を作って持っていくこと。

そうやって、はじめて警察は親身になって話を聞いてくれる。脅している企業について調べてくれたり、適切なアドバイスもしてくれるだろう。

クレームマニュアルを警察署で見てもらおう

知らず知らずのうちに暴力団とコネクトしてしまう企業の案件は、私もこれまでにずいぶん扱ってきた。

相手の手口は、最初は何らかのクレームである。企業に対して「どうしてくれるんだ」というところから入ってくる。企業が引っかかってしまうのは、厄介なクレームだなとは感じても、暴力団の姿などまるで見えないからだ。

こうした巧妙なやり口にからめとられないためには、ふだんから地域の警察と交流しておかなくてはならない。これはすべてのクレーマー問題にいえることだが、悪質なクレーマーにつかまってしまったら、最後は警察に助けてもらうしかないのだ。

たいがいの企業はクレーム問題が起こると、表沙汰になるのを嫌って弁護士を立てて片をつけようとする。しかし今のクレーマーは弁護士がどう出るか、先を読んで周到に計画している。それに本当に身に危険が迫ったら、弁護士は守ってくれない。究極論でいえば、地域の警察が味方になってくれなければ、クレーマーには対抗できないのである。

では、地域の警察とコミュニケーションをとるには具体的にどうすればいいのか。
警察組織には、防犯を担ういくつかの団体・部署がある。

●財団法人　全国防犯協会連合会
●財団法人　暴力追放（都道府県）民会議
●警察署　組織犯罪対策課
●警察署　生活安全課（防犯係）

全国防犯協会連合会は、四七都道府県の防犯協会などから構成されている。下部組織には、地域の警察署の区域ごとに市区町村防犯協会がある。また暴力追放（都道府県）民会議は、暴力団対策法に基く暴力追放運動推進センターとして指定されている団体だ。これらは地域の警察署内や都道府県警内、もしくは隣接するビルで活動している。

こうした団体では、警察ＯＢが防犯に関するいろいろな指導を行っている。「最近はこういう手口のこういう犯罪が増えている」という最新の情報を提供してくれたり、「そういう犯罪に遭いそうになったら、どこにどう連絡したらいいか」を説明してくれる。このような警察関連の団体の法人会員になっていれば、悪質なクレーマーに引っかかるリスクはかなり低くなるだろう。

それから地域の警察署も大事である。地域の警察とコミットするには、まず自社のクレームマニュアルを作って持っていくことだ。

警察は会社のルールや慣習はまったくわからない。だから弁護士にアドバイスをしてもらいながら、うちの会社はこうなったらクレームと判断します、というマニュアルが絶対必要になる。

たとえば、ある飲食業の企業が新店舗を出すとしよう。その場合、地域の警察署に足を運ぶ。そして「このごろはお客さまのクレームからトラブルになることも増えていますので、当社のクレームマニュアルを作ってきました。どなたか目を通して添削していただけませんか？」と言えばいいのだ。

警察署を訪ね、名刺を渡して「いざというときにはよろしく」などと頼んだら「警察は警備会社じゃないぞ」と言われかねない。そうではなく「うちの会社はこのような業務をしていて、こういう問題が起こることも考えられます。だから、このような対応マニュアルを作りました。どうでしょうか？」というように、きちんと警察をリスペクトして具体

地域の防犯協会系統図例

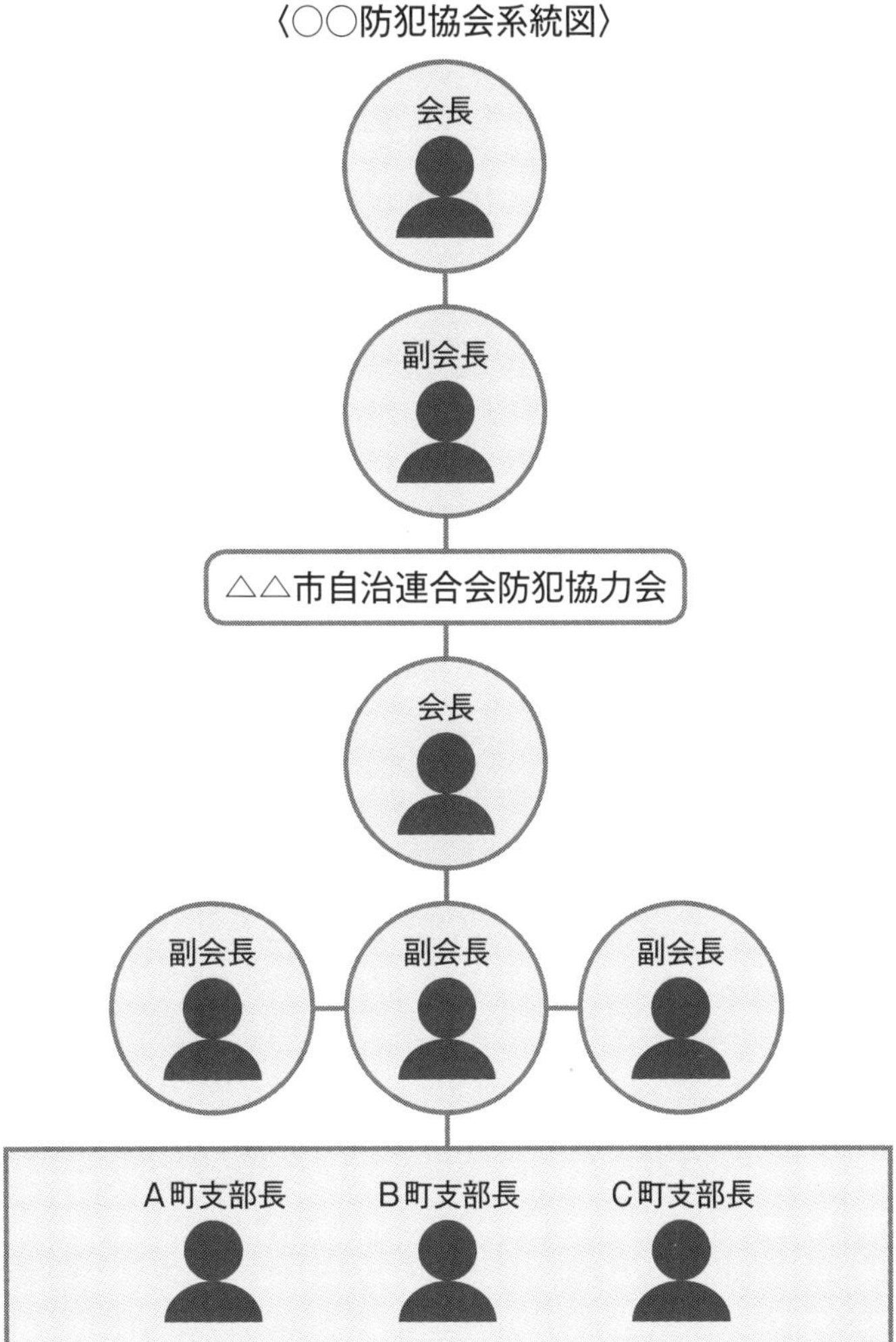

的な指示を引き出すのだ。

地域柄、暴力団のトラブルが心配だったら、組織犯罪対策課に出向いてもいい。または生活安全課で相談してもいい。ただし警察署の刑事さんや警察官はみんな暇ではない。だから、どの課の誰に話すかはさほど重要ではない。「どなたかお時間のある方、聞いていただけませんか?」と言えば、誰かが対応してくれるはずだ。あるいは、防犯協会の人にクレームマニュアルを見てもらってもいいだろう。

クレーマー退治には最後は人間関係がものをいう

防犯協会や暴力追放(都道府県)民会議、地域の警察署とコミュニケーションをとるいちばんの目的は、人間関係をつくることだ。地域の法の番人と、人と人とのつながりがあれば、悪質なクレーマーに狙われたときに強力な味方になってくれるのである。

最近のクレーマーは、問答無用で逮捕されるような真似はしない。それに何よりもクレーム問題自体が、合致する法律のないトラブルだ。ケガでもさせられていない限り、ただ脅されていたり、しつこく電話をかけてくるだけなら、警察は動きようがない。クレー

警察署組織図

〈東京都の場合〉

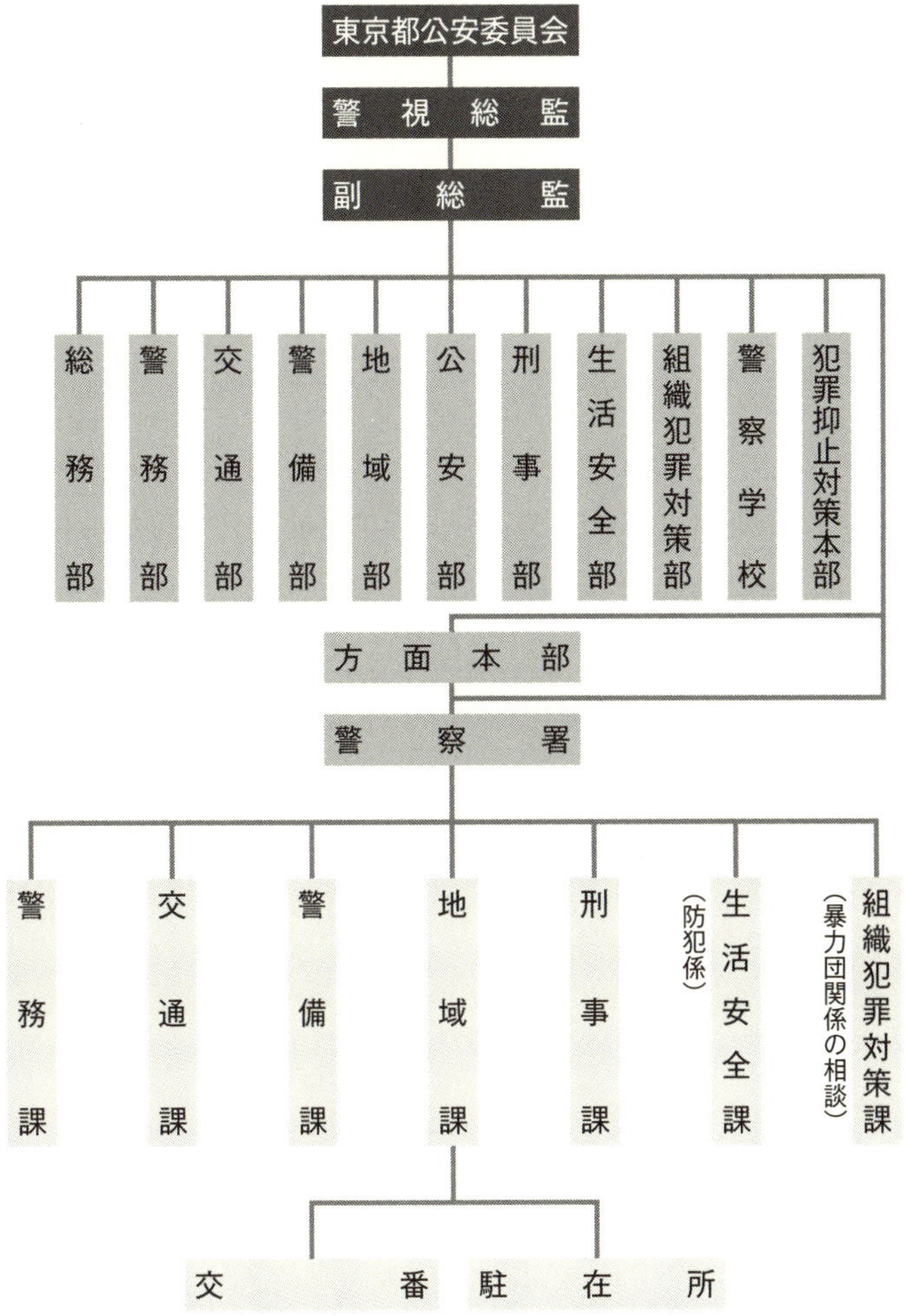
東京都公安委員会
警視総監
副総監
総務部
警務部
交通部
警備部
地域部
公安部
刑事部
生活安全部
組織犯罪対策部
警察学校
犯罪抑止対策本部
方面本部
警察署
警務課
交通課
警備課
地域課
刑事課
生活安全課
（防犯係）
組織犯罪対策課
（暴力団関係の相談）
交番
駐在所

ム規制法などという法律はないので、どれだけ被害に遭っても企業は抗えないのである。

そのとき助けてくれるのは、面識のある地域の警察署の警察官だ。

この企業はどういう業務を行っているか、それがわかっていれば警察も対応の仕様がある。もちろん他の事件を放り出してまで、その企業のために手を尽くしてくれるわけではない。だが少なくとも門前払いはされないし、話はちゃんと聞いてくれる。また警察が動くために、被害を受けている証拠を集めるにはどうすればいいか、また実害を加えられる恐れがあれば、いかにして自分の身を守るかなどもアドバイスしてくれるだろう。


多くの企業がクレームから始まったトラブルで苦労しているのは、ふだんから地域の警察と交流していないからだ。

とくに本社が大都市にあって、全国に支店があるような企業はその傾向が強い。警察にクレームマニュアルを見てもらいに行ったりすることもせず、生活安全課と地域の自治会が協同で開く防犯相談会や防犯座談会などに出席もしない。交通安全運動といったイベントも参加しない。それで困ったときだけ「助けてくれ」と言っても、「当社はこういう会社で」というところから説明しなくてはならないのだ。

私が多数の企業を見て、危ういなと思うのは、トラブルに関して「上の人」を知っているからだいじょうぶという考え方だ。

たとえば「警察官僚のトップクラスを知っている」などというのは何の意味もない。知り合いが警視総監だろうが警察署長だろうが、クレーマーをどうにかしてくれるわけはない。幸い日本は、そんなコネで警察が動くような危ない国ではない。そういう「エライ人」ではなく、身近な刑事さん、警察官と顔見知りになることが大切なのだ。

私がお勧めするのは、**地域の警察の人に、会社に「来てもらおう運動」**だ。

クレームマニュアルを添削してもらったり、積極的に防犯イベントに参加して、面識のできた刑事さんや警察官に「いちど、うちの会社を見てもらえませんか？」と声をかけてみる。そして来てくれたら、手作りのお弁当やお菓子などでささやかな接待をする。そうやって心と心が通じ合う人間関係をつくるのである。

ところが、企業はえてして高級料亭で一席設けるという発想になる。企業のなかには「上の人」に高額の金品を贈ったりする会社もある。そんなことをして「上の人」の鶴の一声で、警察がクレーマーを捕まえてくれると思っているのだろうか。

会社の近くの交番の若いおまわりさんに「こんにちは」「暑いですね」と挨拶するだけ

でもいいのだ。要は、地域の警察の人をたくさん知っていればいるほど、いざというときに力になってくれるのである。

警察署に行って「近くまで来たので、これ、差し入れです」と栄養ドリンクの一ダースほど差し出して「おっ、ありがとう」と受けとってくれるようになったら本物だ。そこまで地域の警察と仲良くなれれば、どんな悪質なクレーマーに狙われても怖くはない。

G社の例のような場合も、そもそも放置自転車が増えたところで「これ、どうしましょうかね？」と気安く警察官に相談できるだろう。警察官と一緒に自転車を動かすのを、物陰で見ているクレーマーは舌打ちして去って行くはずだ。やつらはプロだから、危ない橋は渡らないのだ。

また、よもや暴力団企業とつながりそうになったら、顔見知りの刑事さんが「あの業者はやめたほうがいいよ」と匂わせてくれたりする。どんなに仲良くなっても、警察の人は「どこの会社は暴力団関係だ」などとは絶対に言わない。言わないが、気づくように注意をうながすくらいはしてくれるのである。

クレーマー防止と対処については、鍵を握るのは地域の警察だ。

結局、企業の顧問弁護士は警察とうまくコミュニケーションできないから、クレーム問題がすっきり解決できないのだ。だいたい弁護士は証拠集めをせずに、法律だけで警察に話をもっていこうとする。しかし、面識もない弁護士がいきなり「クレーム問題で刑事事件化してくれ」と言っても、実害も証拠もないのに動くわけにはいかない。警察に可能な範囲で動いてもらうには、最後は人間同士の関係なのだ。

対策ポイント

防犯協会への加入、地域の警察とのコミュニケーションは欠かしてはいけない

第2章
地域の自治会や商店会とコミュニケーションすべし
——接客業を悩ませるクレーマーの手口とは?

クレーマーをタダで「接待」してしまう飲食店

飲食業をはじめとして、お客さんとじかに接する接客業はクレームが発生しやすい業種だ。「態度が悪い」「対応が遅い」「料理に異物が混じっていた」などなど。クレーマーはありとあらゆる理由をつけて、代金を踏み倒したり、多額の賠償金を請求してくる。

近ごろよく聞くのは、一人のお客が毎日のように店にやって来て文句を言うケースだ。明らかな営業妨害なのだが、追い出すわけにもいかない。店側はそのお客から代金をもらえないのも痛いが、実はそこにはもっと怖い策略が潜んでいるのだ。

【事例】

組織犯罪の対象者を優遇してしまった居酒屋

首都圏に四店ほどの店舗があるAという居酒屋は、落ち着いた雰囲気でありながら、料金はそれほど高くない。そのせいか若者から中年の会社員など、比較的幅広い年齢層の客でにぎわっている。

しかし、ある店舗の店長は、最近よく来る一人のお客に頭を悩ませていた。

ほとんど毎日、来店しては「接客態度が悪い」「店員の教育がなっていない」と文句をつける。しかもクレームは一〇分、二〇分ではおさまらず、対応した店員ばかりか店長まで長時間拘束する。そのせいで忙しい時間帯でも、そのお客にかかりっきりになり、業務に支障をきたしているのである。

店長は悩んだあげく、そのお客からは代金をもらわないことにした。ほぼ毎日やって来るので、店長が自腹を切ってタダにすることにしたのだ。

お客は相変わらず、店に通ってくる。年齢は四〇歳前後か。何の仕事をしているのかわからないが、身なりもきちんとしている。代金をとらなくなったら、それ以上の要求はしてこないので、店長は「仕方がないかな」と諦めるしかなかった。

こうしたケースは今、全国の居酒屋などの飲食店で起こっている。

私もついこの間、飲食店を経営する社長から「毎日来て大騒ぎするお客がいて困っている」という話を聞いたばかりだ。

クレーマーという言葉もいまやすっかり定着して、飲食業者は「うちにも来てしまったか」という諦め半分の気分が蔓延している。各店舗ではクレーマーに手を焼いて泣く泣くタダにしたり、お金で解決しようとする例も多いようだ。

店側としては、店内で大声をあげられたりしては困る。他のお客さんはいっせいに振り返って見るだろうし、三〇分、一時間と続けば帰ってしまう人もいるだろう。

それが毎日のように起これば、代金をとらなかったり、謝罪してお金ですまそうとするのもやむなし、なのかもしれない。「あの店は苦情を言うお客がうるさくてゆっくり飲めない」などという噂が立てば客足は遠のく。当然、商売は上がったりだ。中小の飲食業者にとっては死活問題になってしまうのだ。

だから、お金を渡す店が多いわけだが、クレーマーの本当の目的は少額の謝罪金ではない。タダで飲み食いすることでもない。

その男が暴力団関係者だったら、毎日来店して店に入り浸る。店はその男をいつも奥のいい席に案内して優遇し、しかも代金はとらなくなる。それは何を意味するかというと、**その店は、暴力団関係者が出入りする店になる**ということだ。さらに始末の悪いことに、店はその男がまさか暴力団関係者とは気づかないのだ。

相手のきちんとした身なりに騙されてはいけない

最近はクレームをとっかかりにして、企業に癒着してくる暴力団関連組織がとても多い。第1章で述べた放置自転車を処分したことへのクレームも同じだが、敵は相手にわからないように侵入してくる。そして気づいたときには、暴力団関係者の身内になってしまっている。それを絶対にわからないようにやるのが、彼らプロの手口なのだ。

何度も言うが、いったん暴力団企業とつながってしまうと命取りになる。

飲食店に、組織犯罪の対象者が毎日来ていれば、警察は必ずその店をマークする。つまり組織犯罪の対象者への協力店とみなす。そうすれば行政は、その店を潰しにかかる。しまいに、飲食店を経営する会社そのものが倒れてしまうのである。

飲食業ではないが、あるメーカーの上場していた子会社も同じ方法で潰されている。その会社は巧妙な手口で近づいてきた暴力団企業とつながりをもってしまい、いつの間にか暴力団と一体化していた。暴力団企業から送り込まれてきた税理士や会計士もむこうの手先で、気づかないうちに暴力団の同化企業になっていた。結果的にその会社は、行政から目をつけられて倒産に追い込まれてしまったのだ。

暴力団にとって、クレームをつけて居酒屋一店を自分たちに同化させるのは、会社よりもさらにたやすいことだ。こうして、あちこちの飲食店が知らないうちに「暴力団関係者とコネクトする店」になってしまっているのである。

飲食店にとって悩ましいのは、クレーマーが身なりのきちんとした男ということだ。

相手が茶髪、金髪にピアスの若い男だったら、他のお客さんも協力してくれるだろう。「チンピラにイチャモンつけられて店員も気の毒に」と思うだろうし、なかには「おまえ、いい加減にしろ」といさめてくれる人もいるかもしれない。

またはパンチパーマのいかにもその筋の男に見えるタイプだったら、お客さんの誰かがこっそり携帯で警察に通報してくれるかもしれない。

ところが、最近はびしっとしたスーツ姿のサラリーマン風の男に、こういうことをする手合いがかなり多い。実際に大企業の社員であったり公務員であったり、社会的に確立された職業の人間がやっている。

なぜ彼らがそんなことをするかというと、いわゆる趣味で無体なクレームをつける輩もいるし、仕事のストレス発散のために楽しみでやっているケースもある。大学教授、教師、医師などにも、そういうことをするのが好きな人間はけっこういるのだ。ただし、そういったケースはまだ単体で行う行為だから営業妨害だけですむ。

気をつけなければいけないのは、大企業の社員や公務員を裏で操る組織がいる場合だ。今は、薬、女などを介して暴力団とつながっている会社員や公務員は少なくない。**社会的地位の高い人が、陰の組織と関わるわけがないと思うのは大間違い**だ。

経済情勢が厳しいなかでも、お金と時間をもっている人間はたくさんいる。陰の組織は、お金と時間のある人間を自分たちの仲間に引き込もうとする。そんな会社員や公務員などが飲食店にやって来て、一見しごくまっとうな理屈でクレームを言い立てられたら、店は手の打ちようがない。どうしようもないのだ。

また近ごろは暴力団関係者自身が、どう見ても暴力団員には見えない。

今は暴力団風の男が「おい、コラ、金出せ」なんてことはほとんどやらない。そんな見え見えの恐喝を店の中でやったら即逮捕である。そうではなく、知的でエレガントな感じのハイエナのような男たちが、わからないように企業や店舗に侵蝕してくる。「あっ」と思ったときには、その企業や店舗は骨まで食らい尽くされているのだ。

一九九一年に「暴力団対策法」が施行されてから、わかりやすい脅しは激減した。逆に言うなら、表に出ているコワモテの男は怖くはない。厄介なのは、絶対に表に出てこずに人を操る頭のいい人間だ。今は組織犯罪に関わる中核組織では、東大卒でなければ幹部になれないという。週刊誌ネタで、よく「あなたの隣にヤクザがいる」というのが出ているが、あながち誇張ではないのである。

クレーマーが騒いだらすぐに別室に移動すべし

さて、それでは身なりのきちんとしたクレーマーに狙われたらどうすればいいのか。彼らに付け込まれないための対策法を考えてみよう。

こういうケースで飲食店がいちばんしてはいけないのは次の点だ。

●他のお客さんがいるところでクレーマーと口論をする

飲食店など接客業の場合、他のお客さんのいる店内で相手をなだめようとしがちだ。

ひたすら頭を下げるか、あるいはついつい相手に乗せられて「ああでもない、こうでもない」という言い合いになってしまう。相手がきちんとした身なりであればなおさらだ。相手が悪質なクレーマーだとは露ほども思わないので、その場で「何とかしなければならない」と焦ってしまうのだ。

だから、お客さんと接する接客業を業務とするすべての店舗では、別室を用意しておかなくてはならない。暴力団関係者ではないにしろ、言いがかりをつけてくるクレーマーは必ずいるのだから、それを想定して相手を誘導する場所を決めておくのである。

別室というのは、奥の事務室でも、従業員の控え室でもいい。とにかく他のお客さんの迷惑にならない場所だ。いざそのときになって慌てないように、クレーマーを連れ出す別室をあらかじめ決めておいて、「話が長くなりそうだ」と思ったら、すぐに「こちらでお話ししませんか?」といざなう。それが迅速にできれば、他のお客さんが嫌な思いをして、営業に支障をきたすことは避けられるだろう。

ただし手強いクレーマーは、簡単に別室に移動してくれるとは限らない。彼らは店内でワーワーもめて、店側が困るのを狙っている。

だから「どうしてそっちへ行かなきゃいけないんだ?」と拒否するはずだ。その場合は**「警察から、お客さまの苦情は別室で話し合うようにと指示されています」**と言うこと。「警察官に言われています」と言えば、たいがいの相手は「この店は警察に近しいんだな」というのがわかるはずだ。そうすれば暴力団関係者の場合、プロだから「ここはだめだ」と判断して、あっさり手を引いてくれるだろう。

しかし、暴力団とは関係のない粘質的なクレーマーは、反対に警察は恐れない。なぜなら、店に対するクレームで警察に逮捕されることはないと知っているからだ。

前述したように、大企業の社員や公務員などが単独でやっているケースでは、ストレスなどのはけ口として執拗にクレームをつけている。彼らは、店の者を拘束して文句を言うのが楽しいわけだ。

そういう人間は別室に移ったら、何時間も何時間も飽きずに話をする。対応する店長や従業員は仕事にならない。であれば**「営業時間外にお話ししませんか?」**と提案するのがポイントだ。営業時間外なら、最低限、仕事のジャマにはならないだろう。

それも拒んでクレームを繰り返す場合は、いよいよ地域の警察署の警察官に来てもらう。クレーマーが毎日のように店に来て「営業時間外なんて言って逃げるつもりだろう」と食い下がってきたら、そこで警察の手を借りるのである。

全国統一のクレームマニュアルは役に立たない

警察の手を借りるといっても、これもふだんから何の交流もない警察署の警察官は、飲食店で暴力騒ぎにでもなっていない限りなかなか動いてはくれない。

またクレーマーが暴力団関係者のケースでは、ふだん警察官と話をしたこともないのに「別室で話し合うようにと警察から言われています」と嘘を言うわけにもいかない。

だから、こうした事態を防ぐためには、地域の防犯協会に加入したり、生活安全課の防犯係とコミュニケーションをとっておかなくてはならないのだ。

この場合は、ただ警察とコミュニケーションをとるだけではなく、

●地域に適応したクレームマニュアルを作成して警察に見てもらう

ということが非常に重要になってくる。

それぞれの地域性、土地柄によって、クレームの基準は異なるものだ。

極端に言えば、一人のお客が店の中でワーワー苦情を言っても、まわりのお客さんはさほど気にしない地域もあるだろう。お客と店員がつかみ合いになっても、笑ってすんでしまうような土地だってある。一方、店内でちょっともめ事が起きただけで、あの店は雰囲気が悪いという噂が立って、商売が立ち行かなくなる地域もある。

だから、その地域によって、どのようなクレーム問題が起きたら業務に差しさわりが出るのかを判断しなくてはならないのである。

まずは地域性をちゃんと踏まえて考えてくれる弁護士に相談し、店舗のクレームマニュアルを作成してみる。そのうえで所轄の警察署を訪問して「こういうクレームマニュアルを作りました。こういう場合はこのように対応しようと思いますが、こうなったら手に負えない可能性がありますので助けてもらえますか？」と具体的に教えを請うのだ。

すると刑事さんなり警察官は、「このあたりは、すぐ警察を呼んだりしたら噂になりやすいから、こういうふうに対応したほうがいいですよ」とか「苦情を言う相手がどういう人間で、どういう目的かわからないんだから、事を荒立てないようにしなさい」とか「お金は絶対に渡してはいけない」とか、適切なアドバイスをしてくれるだろう。

クレームマニュアル例

クレーマーの定義

株式会社○○は以下に定める要項をクレーマーと定義する

1. 購入した金額より、明らかにはるかに高額な金銭要求がある場合
2. 社員の自宅、通勤路で待ち伏せをしたりつきまとったりする場合
3. 社員が暴力をふるわれたり、健康を害すほどの暴言・言葉の暴力を受けた場合
4. 各地域の営業所の管轄警察署から「それはクレーマーである」とのアドバイスがあった場合

クレーム発生時の社内体制

1. クレーム発生時には各担当者個人に交渉の権限を与える。発生時に上司に確認を取る必要はない。ただし、事件の報告はすみやかに直属を管理する部長に連絡をする。
2. 部長は連絡を受けた後に１カ月に１度、専務取締役に文書にて報告すること。ただし緊急の場合は随時対応することとする。
3. クレームの解決に関し、金銭が発生する場合は代表取締役の決済を必要とする。クレーム処理の金銭は特別損失として計上されるので、社員全員がこれを自覚し、丁寧迅速に対応すること。
4. クレーム担当役員は、常に連絡が取れるように社内スケジュールにタイムリーに情報を掲示しなければならない。

社員緊急連絡先

1. 鈴木○○　会社携帯番号　私用携帯電話
2. 佐藤○○　会社携帯番号　私用携帯電話
3. 伊藤○○　会社携帯番号　私用携帯電話

（他、社内クレーム対応図形フロー等）

さらに防犯協会に加入すれば「あなたの地域の商店会では、このような暴力団追放マニュアルを作っている」といった情報を教えてくれるだろう。そうしたら商店会や自治会の世話役の人に会って、「参加させてください」と頼めばいいのである。

警察署、防犯協会、商店会や自治会。こうした**地域の関係が密にできていれば、どんなクレーマーが乗り込んできても防御壁はほぼ完璧**だ。

クレーマーがもしも暴力団関係者であれば「警察署からこうしなさいと指示されています」と言えば、たちどころに消えてくれる。

またクレーマーが店内で迷惑な行為を働いたとしたら、事前にクレームマニュアルを地域の警察署で添削してもらったことが活きてくる。

通報して「何々という店ですが、以前クレームマニュアルをそちらで見てもらったときに、指示していただいた通り、このような事態になっているので連絡しました」と言えば、警察も「それはまずいな」と判断して店まで来てくれるだろう。

あるいは趣味でやっているクレーマーであれば、何度も来店するようなら近所の店に応援してもらう。商店会の世話役や、隣近所の店の人たちがクレーマーをぐるりと取り囲んで「どういうことなんですか?」と問い詰めれば、社会的地位の高い頭のいいクレーマーほど、さっさと逃げ出すだろう。

これをしないで、全社統一のクレームマニュアルなど作っても何の意味もない。

企業は営業地域の拡大をはかり、いろいろなところに新店舗を出している。そこで「何分間はお客さまの話を聞きましょう」とか「こう言われたら、こう返しましょう」といった画一的なマニュアルは用をなさない。全国津々浦々、どこでも通用するクレーム対策カリキュラムなんてものは、はっきり言ってあり得ない。**地域ごとに慣習があり、クレーム対応の方法も違って当たり前**だからだ。

昔ながらの商店街に新店舗をつくっても、商店街の清掃キャンペーンやイベントなどには我関せず、という企業は本当に数多い。そんなことでは悪質なクレーマーに付け狙われたときに、地域の警察も人々も誰も助けてはくれない。ふだんから地域と交流せず「うちはうちでやります」という姿勢だったら、クレームトラブルの発覚を世間から隠すために、相手にお金を渡しておさめるしかできないのだ。

お金を受け取って、タダで飲み食いして大人しくしてくれるならまだいい。しかし、それが組織犯罪の対象者だったら、店舗も企業も一巻の終わりだ。クレームの陰に組織犯罪あり、ということは常に想定しておかなければならない。

痴漢の被害とクレームの合せ技を使ってくる！

先日、あるテレビ番組を見ていたら、恐怖のクレーマーについて報じていた。言いがかり、脅し、恫喝、泣き落としと、クレーマーのやり口は何でもありだ。飲食店を筆頭に、接客業界はクレームが実に多く、外食産業はどこも戦々恐々としている。

それではもうひとつ、最近、増えている手口をご紹介しよう。

【事例】

痴漢呼ばわりされた飲食店の店員

東海地方のある飲食店は、主要駅の近くに三店舗ほど店を構えている。店はそれほど広くはないが、値段が安く料理のボリュームがあるので昼も夜も混んでいる。

三店舗のうち駅前の店舗で、ある晩、騒ぎが起こった。

奥の席に座っている若いカップルの注文を受け、店員が料理を運ぶと、女のほうが「イヤッ！」と小さな悲鳴をあげたのである。男は立ち上がって声を荒げた。

「おい、おまえ、今、彼女のお尻を触っただろう！」

「触っていません！」

店員はビックリして反論した。しかし、女は泣き出し、男は「触っただろう！」と言い張って、店員の言葉を聞き入れない。他のお客さんはみんな、箸を止めて、店員と男が言い合う様子を見ている。店長が出てきてとりなそうとしたが、男の怒鳴り声がだんだん大きくなり、食事の途中で席を立って帰るお客さんも出てきた。

さんざん店員と店長に悪態をついたあげく、男は言った。

「痴漢をしておいて、料金をとる気か！　誠意を見せろ！」

店員がお尻など触っていないのは明らかだ。だがこれ以上、騒がれると面倒なことになる。そう思った店長は、仕方なく料金をサービスした。

こうしたクレームは、最近、飲食店を中心に増加している。このごろの悪質なクレーマーは、痴漢の被害とクレームの合せ技を使ってくるのである。

これは店側にとって、極めて厄介なトラブルだ。

なぜかと言うと、痴漢は証拠がなくても逮捕・起訴されてしまうからだ。女性は証拠を示さなくても「この人が痴漢行為を働いた」と訴えることができる。痴漢の冤罪を主題にした映画やテレビドラマでもそのへんはよく描かれているが、女性が「お尻を触られた」と言えば、言った時点で男は痴漢になる。したがって**クレーマーが性犯罪をからめてクレームを入れてくると、非常に面倒な方向に向かってしまう**のだ。

企業や店舗がつらいのは、これをやられると大きなイメージダウンになるという点だ。裁判になって、店員の指紋やら着ている服の線維やらを調べて、「やっぱり無罪でした、よかったよかった」という話にはならない。「あの店の店員が痴漢で訴えられた」ということが大打撃となってしまうのである。

店内でクレーマーに「お尻を触られた!」と騒がれれば、まず店の中にいる他のお客さんが不審の目を向けるだろう。そして警察に訴えられれば、不審の目は白い目に変わる。さらに逮捕ということになれば、マスメディアに報道されてあることないこと、好き放題書かれてしまう。たとえ結果として冤罪になっても、ひとたび新聞やテレビのニュースで名前が出たら、汚名はなかなか拭えないのだ。

痴漢行為の無実は地域の人々が証明してくれる

痴漢の被害とクレームの合せ技で狙われたときに、まず注意しなくてはならないのは、相手の狙い通りにはまっていけないということだ。

相手は、店内で大騒ぎを起こして、飲食代を踏み倒したり、謝罪金を出させようとする。店員は他のお客さんのいるところで、痴漢呼ばわりされたら、どうしたって逆上して反論してしまう。間に入った店長も、この場をおさめようとして、お札を握らせたりする。

しかし、それではクレーマーの思う壺だ。

だから、こういうケースで最悪の対応は、先に述べた居酒屋のケースと同じく、

●他のお客さんの迷惑になるような騒ぎを起こす

ということだ。店員も頭に血が上って、相手を殴りでもしたら大変な事態になる。たちまちお客が減って、数カ月分の売上げも吹っ飛んでしまう。それは絶対に避けなくてはいけないことだ。クレーマーは最初から、そこまで見越しているのである。

重要なのは、こちらが思わずカッとするようなクレームをつけてきた場合こそ冷静になること。そして、すかさず別室に連れて行くことだ。もし別室に移るのを拒んだとしたら、そのときは毅然として警察を呼べばいいのだ。

警察を呼ぶためには、やはりふだんから警察署とコミュニケーションを深めておかなくてはいけない。また**地域の飲食業者の防犯団体などに加入することも必要**だ。

このケースも当然、地域によって対応は違ってくる。

たとえば地域によっては、お尻を触ったの触らないので、「いちいち警察を呼ばないでくれ」というところもあるかもしれない。あるいは、たまたま痴漢が頻発していて、性犯罪に敏感な地域もあるかもしれない。だからこそ地域性にそったクレームマニュアルを作って、警察の意見や指示を聞いておいたほうがいいのだ。

警察も含め、地域の人間関係が構築できていれば、みんなが協力してくれる。

とくに痴漢のような「やったのか、やっていないのか」本人しかわからないトラブルの場合、警察や地域の仲間の「この店はそんな店じゃない。店員はそんなことをするようなやつじゃない」という言葉が大きな力になるのである。

ところが、地域とのコミュニケーションが希薄であれば、「お尻を触った」「触っていない」という大騒ぎになったときに、近所の店の人も、入り口で野次馬に混じって見ているだけだろう。「この店はどういう店かよくわからない」というのでは近所の人も助けようがない。コミュニケーションのない警察署の警察官が来たとしても、クレーマーの女が目の前で泣いていれば、まず疑いの目を向けるのは店員のほうだろう。

備えあれば憂いなし。地域の警察、同業者、商店会との防犯態勢ができていれば、悪質なクレーマーの付け入る隙はかなり小さくなるのである。

接客業者は防犯監視カメラの設置が必須だ

増加傾向にある痴漢行為の被害とクレームの合せ技を防ぐために、私がぜひお勧めしたいのは防犯監視カメラの設置だ。

防犯カメラの録画がなければ、いくら店員が「触っていない」と言っても証拠がない。先に述べたように、痴漢行為は被害者が証拠をもっていなくても起訴できる。痴漢を疑われたら、疑われたほうが「やっていない」という証拠を提示するしかないのだ。

地域の警察といくらコミュニケーションがとれていても、相手が「触られた、訴えてやる」と言い張ったら警察はどうすることもできない。けれども店内を隅々まで映し出すカメラがあって、録画に映っていれば、警察は絶対的な味方になってくれる。動かぬ証拠があれば、警察も本格的に介入してくれるのだ。

悪質なクレーマーは、たいがい事前に防犯カメラの有る無しや位置を調べている。店内が全部映るようなカメラがある店では、痴漢騒ぎは起こさないはずだ。

だから今の世の中、防犯監視カメラの設置は必須なのである。

多くの店では、経費削減のために安いダミーのカメラを据えて「監視カメラがありますよ」とアピールしていたりする。また、なかには「防犯カメラで監視するような店は嫌だ」というお客さんもいる。

そのためカメラを設置していない飲食店もけっこうあるのだが、それではあの手この手で攻めてくるクレーマーを防止することはできない。

最近はドーム型の目立たないタイプのカメラもある。あるいは経費を削減したいなら、自分たちで取り付ければいい。業者に頼んでコードを隠す作業をしてもらうからお金がかかるのであって、大型家電店でカメラを購入して自分たちで設置すれば費用は少額ですむ。

そして、できれば定期的にカメラの位置を変えて、「この店はどこから映るかわからない」という具合に対策を打っておくことだ。

地域の警察や防犯協会、商店会とのコミュニケーション、クレーマーを移動させる別室、防犯監視カメラ。これらが整っていれば、まずほとんどのクレームトラブルは防止、解決できる。逆に言うと、ここまでしないと昨今のずる賢いクレーマーを撃破するのは不可能なのである。

クレーマーに付け込まれやすい飲食店などの接客業の方々が心しておかなければいけないのは、すべてのクレームは刑事事件として考えなければいけないということだ。先にあげた居酒屋のケースのように、いつの間にか組織犯罪につながる例が今は増えている。また痴漢行為の被害をかたられるケースでも、悪質なクレーマーは「訴えるぞ」と脅してくる。やつらは、性犯罪はこちらに証拠がなければ実刑になるということを知っているからだ。

多くの企業は、「寄せられるクレームはお客さまのご意見の宝庫だ」といって「苦情を言うお客さまをクレーマー扱いしてはいけない」としている。もちろん、それは大切な姿勢だ。だが同時にささいなトラブルが刑事事件になり得るということも、常に頭に置いておくべきだろう。

しつこく不満を述べるクレーマーの、本当の狙いがどこにあるのかはわからない。組織犯罪関係者ではなくても、普通の人間がどこでどう牙をむいてくるかも見えない。うるさい人だなで高をくくっていると、企業は飛んでしまう。クレームに危機感のない会社は一気に崩壊する時代になったということを、忘れないでいただきたい。

対策ポイント

すべてのクレームトラブルは刑事事件につながる可能性があると考えよ

第3章

ストーカーは「対応しないという対応」で防御せよ

――恐怖のクレームストーカーの目的はどこに?

クレーマーの目的がどこにあるのかわからない！

私はこれまでに数千件のトラブルを扱ってきたが、最近のクレーマーは目的を見つけるのが難しい。とくにここ数年、状況がずいぶん変容しているなと感じている。

私に寄せられる企業からの相談で、現在、最も増えており深刻なのは「クレームストーカー」の問題だ。

相手は会社に押しかけてきたり、電話で長々と話し続ける。対応しているうちに金銭目的だということがわかるケースもあるが、お金を要求しない案件も多い。どうしていいかわからずに、企業も担当の社員も困窮してしまうのだ。

【事例】

止まらないクレーム攻撃に苦しむT社

T社は、関東地方で賃貸物件を多く扱う不動産業者である。

比較的家賃の安いワンルームマンションやアパートも多数手がけているため、家賃を滞納する入居者などもいて、小さなトラブルは以前から多発していた。

最近、増えてきたのは怒濤のようにクレームをつける顧客だ。

入居者同士のいざこざから、部屋が雨漏りする、家賃値上げは不当だ、などなど。理由はさまざまだが、一日に何度も電話をかけてきて不満を訴える。なかには会社まで来て、担当者をつかまえて三時間も四時間もしゃべり続ける人もいる。

現場は若い社員がほとんどで、しつこい顧客をうまくかわすことができず、対応のために拘束されてしまう。そんな顧客が近ごろ増えてきて、これでは仕事にならないというので、弁護士から説得してもらうことにした。

ところが、弁護士がいくら直接話をしても、いったい何が目的なのかわからない。いつまでも文句を言うばかりで、事態は一向に好転しない。むしろ電話や来社の頻度は増えて、担当者のなかには体調を崩す者も出てきた。

暴れたり、危害を加えたり、脅したりするわけではない。ただひたすら怒濤のようにクレームを言い立てるだけなので、T社はどう対処したらいいのかわからなくなった。

長時間クレームに苦労している企業はたくさんあって、私が依頼を受けた企業のなかには、なんと一〇時間も解放してくれなかった例もある。

こうしたケースでは、**相手の目的は「金銭」か「社員」かのどちらか**である。つまり真の狙いは「お金が欲しい」か「社員が欲しい」かの二タイプに大別されるのだ。

金銭目的であれば、組織犯罪関係者が裏で糸を引いていることがある。

裏の組織の黒幕は、一〇時間も二〇時間もしゃべり続けるトレーニングを積んだ人間を送り込んでくる。送り込まれた人間は、ひと言も「金を出せ」とは言わず、相手が根負けするまでクレームを入れ続ける。そうやって疲れ果てた企業や店舗のほうが、自分たちのほうから「これでおさめてください」と現金を差し出すように仕向けるのだ。

なかには夫婦を装った男女を使って、仕掛けてくる黒幕もいる。

たとえば、ちゃんとした家庭の主婦のように見える女が、担当の男性にクレームをつける。二時間、三時間、電話で話し続けるのは序の口。そのうち会社にやって来て、泣いて訴え、会社の外でも会って話をしたいという。

話をしたいと言われれば、担当の男性は、一緒に食事をしたりして聞かざるを得ない。外見はきちんとした感じの奥さんなので、何の疑いもなく「ここは誠実に対応しなければいけない」と考えるからだ。

ところが、これが黒幕に派遣されたクレーマーの常套手段。間もなく、旦那という男が出てきて「おまえ、うちの女房に手を出したな」とくる。「この間から何度も二人きりで会っていただろう」と言う。そして弁護士をたてて、「どうしてくれる。誠意を見せろ」と言って、暗に金銭を要求してくることもある。

二人きりで会うようにしたのは、もちろん女の作戦だ。第三者のいない場で会ってしまったからには、もしも女が警察に行って「この人に襲われそうになった」と言えば、担当の男性は無実を証明できない。また担当の男性が「そうじゃない、ワナにはめられて金を要求されているんだ！」と言っても、女が「私は仕事の内容に苦情を言っているだけで、主人も金を出せなんてことはひと言も言っていない」と言えば、それも「嘘」ではない。

組織の黒幕は、男女のカップルを使って、こういう手の込んだ手口で攻撃してくることがあるのだ。

大方の会社は、男から「おまえたちは苦情にちゃんと対応しないばかりか、社員が女房に手を出した。出るところに出てもいいぞ」と言われれば、お金を払ってしまう。こうして裏の組織は、一社当たり一千万から五千万くらいの謝罪金をとるのである。

「暴力団対策法」が施行されてから、頭のいい組織犯罪関係者は「金を出せ」と口にせずに、大金を引き出す方法を考え抜いている。自発的にお金を出させれば、恐喝罪にはならないからだ。一人の担当者を拘束して、長時間話し続けるクレーマーの後ろでは、黒幕が操っている事例は少なくないのだ。

ホームページに社員の写真を載せていないか？

それから企業にとって、打開策がまったくわからず困るのが、担当の社員を目的とするクレームストーカーだ。

こちらは黒幕が操っているケースと違って、どこまでいってもお金は要求してこない。朝から晩まで電話をかけてきて、担当者を相手に何時間もしゃべり続ける。

T社の例のように、弁護士が間に入っても埒が明かない。業を煮やして、企業のほうから「返金します」「弁償します」と言っても、お金は受け取ろうとしないのだ。

お金が目的ではないなら、何を望んでいるのか。

冷静に考えてみれば、相手はたぶん「話をしたい」のだ。では、なぜ話をしたいのかというと、誰だって嫌いな人と長時間電話でしゃべり続けることはできない。

単純なお金目的のクレーマーの典型的なセリフは「社長を出せ！」である。それも言わないとしたら、その担当者と話をしたいとしか考えられない。

つまりクレームを隠れみのに、担当者につきまとうクレームストーカーと判断して間違いないだろう。

こうした案件を私は数多く扱っているが、そのなかから見えてきた傾向がある。

クレームストーカーの被害に遭う企業には、ひとつの共通点があるのだ。

●同じ世代の、同じようなタイプの社員を接客に当たらせている

わかりやすい例をあげると、ペットブームを背景にペットショップが増えているが、そういった店ではよく、若くて可愛い女性の店員やイケメンの店員を揃えている。T社のような不動産業者も、若くて元気で愛想のいい社員を営業に配属していたりする。

しかも会社や店舗のホームページに、スタッフの顔写真を実名入りでずらりと載せてい

るところもけっこう多い。さらに社員にブログを書かせたり、生年月日、星座、血液型、趣味まで公表している。クレームストーカーは、そうしたホームページで好みのタイプの目星をつけて、一人の社員を狙い撃ちしてくるケースが少なくないのだ。

このごろは、どこの企業も店舗も生き残りをかけて、集客効果の高そうな社員や店員を揃えてアピールしようとする。しかし、それはクレームストーカーに「このなかからお選びください」と言っているのと同じことだ。

したがって防御策は、まずホームページにクレームストーカーの気を引きそうな社員の情報は載せないこと。載せるなら、危機管理態勢を整えておくことだ。

そして接客担当者は、同じタイプばかり揃えないというのも鉄則である。

ペットショップの例では、若くて可愛い女性やイケメンというのをあげたが、じゃあ、中年のおじさん、おばさんばかり集めればいいかというとそうとも言えない。同性を好む人間もいるし、ビックリするような趣味嗜好の人間だってたくさんいる。だから、性別、年代、タイプの違う担当者を置いておくことがリスクマネジメントになるのだ。

私が企業の方々に必ずアドバイスするのは、

●クレームストーカーにつかまったら担当者を別のタイプに替える

ということだ。企業の管理職の方々は往々にしてしつこいクレームだとしか考えないから、視点をちょっと変えてみるということが意外とできない。

若い女性社員が、担当するお客さんと毎日のように延々と電話で話をしているとする。このとき管理職の人の多くは「絶対にこっちからキレて電話を切るなよ」とか「もっと誠意をこめて対応しろ」とか「こういう言い方をしてみろ」などと言って、その女性社員に対応させてしまう。

しかし二週間も三週間も対応させていたら、クレームストーカーの期待はどんどん膨らむ。そんなことを続けていたら、ストーカー行為が本格化する危険性があるのだ。

だとしたら担当者を、年配の男性や女性に替える。「○○は退職しました」とか「異動しました」とか理由づけは何でもいいから、別のタイプの社員に交替させるのである。

私が顧問をつとめている企業では、一人の社員が三回対応して、怒涛のクレームが続いたら即座に担当を替えることにしている。そうやって迅速に対処すれば、クレームストーカーはあっさり諦めて、もっとカンタンで効率のよいターゲットに向かって去っていくのだ。

クレームストーカーと社員の接触を断つべし

クレームストーカー対策の基本は、「相手の要求することをやらない」である。

相手はお金を「返せ」とか「よこせ」とは言わない。「社長を出せ!」とも言わない。ならば何を求めているかというと、目的は担当の社員しかない。

相手の本当の目的を探り出して、その目的を果たさせないためには何をすべきか、ベストの方策を考えるべきなのだ。

ただし企業にとって、最初のうちは相手がクレームストーカーなのか、単にものすごくしつこいタイプのお客さんなのか見分けづらい。

見極めのポイントは、**商品やサービスの内容そのものへのクレームではなく「おまえの態度が悪い」という言い方をするかどうか**だ。クレームストーカーは担当者と長時間話をしたい。その人とつながりをもっていたいわけだから、きっかけは商品に対するクレームであっても「あなたが悪い」という具合に話をすり替えてくるのだ。

だから「おまえの態度が悪い」と言うのなら、「態度の悪くない別の社員」に担当を替える。「○○は退職したので、私が担当させていただきます」と言えば、クレームストーカーは当の社員との接触を断たれ、簡単に片付く確率は高いのだ。

クレームストーカーの心の奥にあるのは、「相手を困らせてつながっていたい」という屈折した心理だ。であれば、つながりを切ってしまえば問題は解決する。それも早ければ早いほど、事態が深刻化せずにすむのである。

クレームストーカーに社員が狙われた**企業がよく犯す誤りは、相手の本当の目的をつかめずに、同じ社員にずっと対応させてしまうという点**だ。

下手にしばらく対応していると、「ちょっと気に入っている」というレベルから、愛情が芽生えるところまでいってしまう。しかし、すぐに担当を替えれば「あの子は無理だな」と観念して、よそへ行ってくれる。重症化する前に防げるわけだ。

クレームストーカーの目的がわからず、相手の要求することを、要求するままに応えてしまっている企業や店舗はとても多い。

そうした企業の経営者や管理職の方々は、口を揃えて「うちは気立てのいい、感じのいい社員ばかりで、サービスも万全を期してやっているのになぜかクレームが止まらない」とおっしゃる。それは気づかないうちに、自らがクレームストーカーを引き寄せる下地をつくってしまっているのだ。その結果、優秀で気立てがよく、感じのいい社員がどんどん辞めてしまったら、企業の人的損失ははなはだしいだろう。

「違法行為」をしない戦慄のクレームストーカー

クレームストーカーの大半は、担当を替えれば諦めてくれる。

ところが、なかには担当者を替えようとすると、それを拒む相手もいる。しかも言っていることは一見まともだし、恫喝するわけでもなく暴れるわけでもない。

それでは、手強いクレームストーカーの事例をあげよう。

【事例】
戦慄のストーカーに攻撃された旅行代理店社員

旅行代理店S社は、会社の規模はそれほど大きくはないが、丁寧な接客と社員の質のよさで定評がある。社員研修を徹底しているのと、採用時の試験と面接で採用者を厳密に選別しているからである。

あるとき主要な営業所で「担当の女性に騙された。感じのいいフリをして、とんでもないオプショナルツアーを無理やり勧められた」というお客さんがあらわれた。

会社側は弁護士とも相談し、「こちらで調査をしてご報告します」と伝えたら、「報告を待ちます」ということで素直に応じてくれた。

調査の結果、担当者の女性は無理強いもしていないし、勧めたツアーも決して「とんでもない」ものではない。しかし、トラブルを起こすのは避けたいと判断し、とりあえず謝罪して、そのクレームはうまくまとめることができた。

お客さんは、三〇代後半くらいで独身らしい。経済的にも余裕があるようで、その後、営業所の上得意となった。

ところが担当の女性は「また怒られるのではないか？」と気が気ではない。機嫌よく話していても、いきなり豹変するような怖さがどこかに覗いているからだ。

上司は、ビクビクしている女性の様子を見て、別の社員に担当を替えようとした。しかし、そのお客さんは「なんで？　以前の問題はちゃんと謝ってもらって、彼女と和解したし、同じ人に担当してもらったほうが安心できるから」と言って承諾してくれない。

やがて、そのお客さんが営業所にやって来る回数が増えてきた。いったん来れば、担当の女性を相手に、何時間も居座って旅行の相談をする。苦情を言うわけでもなく、食事に誘うわけでもなく、旅行のプランの話をするだけなので断りようがない。

担当の女性は、だんだん気が滅入り、休みがちになっていった。

このようなお客は、八、九割方、ストーカーと見ていいと思われる。

「ストーカー規制法」が施行されて以来、クレームを隠れみのにストーカー行為を働く輩が増えているという話は、プロローグでも述べた。

先にあげた不動産業者のT社のような例は、怒涛のようにクレームをつけて担当者とつながりをもとうとする。それは、ある意味ストレートな手法だ。

しかし、この旅行代理店のS社のお客は、もっと入り組んだやり口で攻めている。つまりクレームから入って和解し、そのうえで担当の女性に密着してくる。さらに担当を替えようとすると、頑として拒むのである。

この場合、問題は、相手は何ら違法行為を行っていないということだ。やっていることは、ストーカーと変わりはない。ところがストーカー規制法で規定されているのは「つきまとい等」の八つの行為だ。S社の男性客は、担当者につきまとったり、待ち伏せしたり、交際の要求をしているわけではない。また当初のクレームトラブルは解決したので、企業対消費者の問題にもならない。

たぶん、どの弁護士に聞いても、こういうケースは対応策を立てるのは難しいと言われるはずだ。**担当の女性が休んでしまうほどにストレスを感じていても、相手のしていることは、法律上ではまったく問題はない**のである。

事件にならないうちに所轄の警察署で相談しよう

こうした手強いクレームストーカーに対抗するには、方法はただひとつ。企業が社員を守ってあげるしかない。

担当を替えると言っても拒否されて、仕方なく静観していると、ほとんどの社員はストレスをためて辞めてしまうだろう。人当たりがよく、仕事のできる社員ほどストーカーに狙われやすい。そういう社員を失うのは、企業にとって痛手になる。

また企業の対応が後手後手にまわると、そのうち本性をあらわして一気にストーキングしてくるケースもめずらしくはない。最悪、社員は実害を受ける恐れもある。刑事事件が起こってしまってからでは遅いのだ。

大事なのは、**会社側が毅然とした態度を相手に示すこと**である。

相手は違法な行為は行っていないが、だからといって、引き下がったら付け入る隙を与えてしまう。逆に考えれば、こちらが担当の社員を替えるのも違法ではないのだ。

もし相手が担当を替えるのを拒んだら、すぐに手を打たなくてはならない。

S社のケースなら、担当者を他の営業所に移したり、窓口業務の時間をずらす。そして相手には、先の例と同じく「退職しました」とか「異動になりました」と伝える。

その際、相手が「本人に直接確認したいことがあるので自宅の電話番号を教えてほしい」とか「異動先の営業所はどこなのか?」と言っても、絶対に教えてはいけない。何がなんでも相手に接触しないように、会社が盾になって守ってあげるしかないのだ。

社員がクレームストーカーに狙われて、不快な思いをして悩んでいるのに、見て見ぬふりの企業はけっこう多い。

つきまとい等

この法律では、特定の者に対する恋愛感情その他の好意感情又はそれが満たされなかったことに対する怨恨の感情を充足する目的で、その特定の者又はその家族などに対して行う以下の8つの行為を「つきまとい等」と規定し、規制している。

1．つきまとい・待ち伏せ・押しかけ
つきまとい、待ち伏せし、進路に立ちふさがり、住居、勤務先、学校その他その通常所在する場所（以下「住居等」という）の付近において見張りをし、又は住居等に押し掛けること。

2．監視していると告げる行為
その行動を監視していると思わせるような事項を告げ、又はその知り得る状態に置くこと。例えば、「今日はAさんと一緒に銀座で食事をしていましたね」と、口頭・電話や電子メール等で連絡する（「告げる」）ことや、自転車の前カゴにメモを置いておくなどする（「知り得る状態に置く」）ことをいう。

3．面会・交際の要求
面会、交際その他の義務のないことを行うことを要求すること。例えば、拒否しているにもかかわらず、面会や交際、復縁又は贈り物を受け取るよう要求することがこれにあたる。

4．乱暴な言動
著しく粗野又は乱暴な言動をすること。例えば、大声で「バカヤロー」と粗野な言葉を浴びせることや、家の前でクラクションを鳴らすことなどはこれにあたる。

5．無言電話、連続した電話、ファクシミリ
電話をかけて何も告げず、又は拒まれたにもかかわらず、連続して、電話をかけ若しくはファクシミリ装置を用いて送信すること。例えば、無言電話をかけることや、拒否しているにもかかわらず、短時間に何度も電話をかけたりＦＡＸを送り付けることがこれにあたる。

6．汚物などの送付
汚物、動物の死体その他の著しく不快又は嫌悪の情を催させるような物を送付し、又はその知り得る状態に置くこと。例えば、汚物や動物の死体など、不愉快や嫌悪感を与えるものを自宅や職場に送り付けることがこれにあたる。

7．名誉を傷つける
その名誉を害する事項を告げ、又はその知り得る状態に置くこと。例えば、中傷したり名誉を傷つけるような内容を告げたり文書などを届けることがこれにあたる。

8．性的羞恥心の侵害
その性的羞恥心を害する事項を告げ若しくはその知り得る状態に置き、又はその性的羞恥心を害する文書、図画その他の物を送付し若しくはその知り得る状態に置くこと。例えば、わいせつな写真などを、自宅に送り付けたり、電話や手紙で卑劣な言葉を告げて辱めようとすることなどがこれにあたる。

見て見ぬふりというより、実質ストーカーだということに気づかない。気づかないから、全社統一のクレーム対策を徹底しなければ、などという手立てしか打てない。「お客さまのクレームに感謝しましょう」とか「お客さまの声をよく聞きましょう」とか「言葉遣いに気をつけましょう」という見当違いの通達しかできないのだ。

それらは言うまでもなく、接客の基本中の基本だ。しかし基本の前に、まず「相手の本当の目的はどこにあるのか」を探り出すということが大前提としてある。

上司が「困ったなあ、お客さんは別に法律に違反するようなことをしているわけじゃないし、何とかうまくやってくれよ」などと言っていたら、リスクはどんどん大きくなる可能性が極めて高い。それはストーカーに、大事な社員を差し出したのに等しい。

クレームストーカー対策でもうひとつ重要なのは、警察に相談することだ。

今のところ事件性はないとしても、警察署の防犯係に相談はしておいたほうがいい。常に最悪の事態を想定しておかないと、相手に急に豹変されても対応できないからだ。

警察署に行くときに、注意していただきたいのは次の点である。

●社員が被害に遭っている営業所の所轄の警察署に行くこと

なぜかというと、企業の営業所の担当者として、お客さんからストーカーに準じる行為で多大な迷惑をこうむっているからだ。

ストーカー規制法というのは、そもそもが個人のための法律だ。

しかもストーカー規制法で規定する行為は「恋愛感情などの好意の感情が満たされなかったことへの怨みなどの感情を充足させる目的で行う行為」とされている。

しかし頭のいいクレームストーカーは、恋愛感情をあらわす言葉は絶対に口にしない。担当の社員本人も、まわりの同僚たちも「明らかに気があるよね」というのはわかるのだが、尻尾をつかまれるような真似はしないのだ。

となると、好きだの何だのと言わない以上、法律的にはストーカー規制法の適用にならない。たとえストーカーの危険性があると警察にわかってもらっても、ストーカー規制法は個人のための法律だから、「自宅の近くの警察に行ってください」という話になる。

都道府県警のホームページを見ても、ストーカー行為をされている場合は「あなたの自宅の最寄りの警察署にご相談ください」と出ている。

たとえば都内の営業所に勤めている社員の自宅が横浜だとしたら、神奈川県警が扱わなければならない。そうやって、たらい回しにあって、トラブルがこじれたときに誰も助けてくれないという状況に陥るのだ。

だから、あえて営業所の管轄の警察署で相談しなくてはいけないのである。

相手は今は大人しくしていても、どこで暴れ出すかわからない。いきなり会社の外で待ち伏せするかもしれないし、会社を出て尾行されるかもしれない。そのときに、神奈川県からパトカーを飛ばして来てもらうわけにはいかないだろう。

警察に助けてもらうには危険な事実だけ訴える

それでは、営業所の所轄の警察署でどう話したらとり合ってもらえるのだろうか。

通常は「うちの社員が、お客さんに毎日のように何時間も対応させられて仕事にならないんですよ。今のところ実害はないのですが、ストーカーじゃないかと思って」などと訴えても、警察官は「うーん」と頭を抱えるはずだ。

事件をたくさん抱えている警察署だったら「それは会社の問題だから会社で処理してく

ださい」と言われるだろう。

実際、私もこういう案件の依頼が増えてきたころ、企業の人と一緒に警察に行って、けんもほろろに追い返された経験を何度もしている。

会社としては、社員が一人のお客さんに拘束されてストレスをためている。今は何も起こっていないが、よくよく観察すると、お客さんは間違いなく社員を狙っている。だから警察に相談に行ったのだが、ストーカー規制法にも当てはまらないし、まだ襲われたという事実もない。だとすれば最寄りの警察署では対処できないのだ。

そうした経験を積んで、私は作戦を変えることにした。

まずは、何もトラブルが起こっていなくても、営業所の所轄の警察署に足を運んで、会社のクレームマニュアルを見てもらう。また地域の防犯協会に加入して、防犯対策を教えてもらう。そして、いざというときに助け合えるように、自治会や商店会、商工会とコミュニケーションをとっておく。これは第1章、第2章でも述べた通りだ。

そうして、いよいよクレームストーカーに狙われたときは、**ストーカー規制法うんぬんという法律はいっさい排除して、事実を事実のまま警察に伝える**のだ。

その場合には、刑事さんや警察官がすぐ把握できるような時系列表（P235参照）を作成して持参すること。多忙な刑事さんたちをできるだけ煩わせないように、どういういきさつで何が起こっているのか、簡潔な時系列表を用意しておくのである。

ふだんから面識があって、会社の業態もよく知っている刑事さんや警察官だったら、これで話は一発で通る。真剣にこちらの話を聞いて、記録をとってくれ、役に立つアドバイスもしてくれるだろう。

警察も、法律の隙間をついて企業の社員を狙うストーカーが増えていることは、当然わかっている。わかっているが、全部のクレームストーカーが事におよぶとは限らない。企業が「ストーカーかもしれない」と言ってくるたびに動けるほど、警察は暇ではない。だから事実をそのまま伝えて「危険性があると考えられますので、もしもの場合は連絡しますので助けてください」と言うべきなのだ。

警察署で相談するときにいちばん大切なのは、

●ストーカー規制法などの法律論は持ち出さない

ということだ。こちらから「ストーカー規制法に触れるかもしれない」などと法律論を持ち出したら、警察は「ストーカーにはなりません」と言わざるを得ない。

現状では恐喝も、つきまとう行動も、交際の要求も、乱暴な言動も、実行に移していない。そこで「どうにかしてください」と頼んでも、今はまだ違法行為はしていないのだから、警察はそういう相談には応じられないのである。

警察署で相談する当面の目的は、「警察に今すぐどうにかしてもらう」ことではなく、「警察に今、どういうことが起こっているか知ってもらう」ということだ。

弁護士の人はみんな「こういうケースはどうやって警察に説明すればいいかわからない」と言う。それはそうだろう。合致する法律がないのだから。

だが警察にきちんと事実だけを伝えれば、**警察は「法律」より何より、「危険性」を認識して対応してくれる**。とくにストーカー防止を強化している地域の警察であれば、今後の展開を予測していろいろ教えてくれる。たとえば「相手がこういうことを言い出したらこうしなさい」といった具体的かつ適切な指示をしてくれるのだ。

このように警察とコミュニケーションがとれていれば、ついにクレームストーカーが「つきまとい等」に当てはまる行動をとったときには、相手に警告をしてくれる。緊急性があれば、警察から仮の命令も出す。それでもストーカー行動が続くようなら、公安委員会による聴聞をするなどの処置をしてくれるだろう。

法律の矛盾や、警察の管轄を知り尽くして事を起こすクレームストーカーは増えている。その反面、クレーマーに対する的確な対策を打っていない企業はあまりにも多い。

そうして社員に実害がおよんだり、深い心の傷を負わせてしまう。企業は隠蔽しているが、クレームストーカーの被害に遭っている社員は山ほどいるのだ。

これは大事なことなので何度も言うが、クレームトラブルに関しては、企業の側から見れば法律はまったく機能していないといっても言い過ぎではない。

今のクレームトラブルのほとんどは、対応をひとつ間違えば刑事事件につながる。ところが、クレーマーのほうが法律で保護されている消費者の権利を主張すれば、企業は法律で勝つことはできない。

旅行代理店のS社のケースでも、クレームストーカーに「私は客として旅行の相談をしているだけです」と言われれば、S社に反論の余地はないのだ。

ただし別の見方をすれば、消費者も企業側も簡単に告訴できるような法体制が敷かれて

ストーカー規制法の流れ

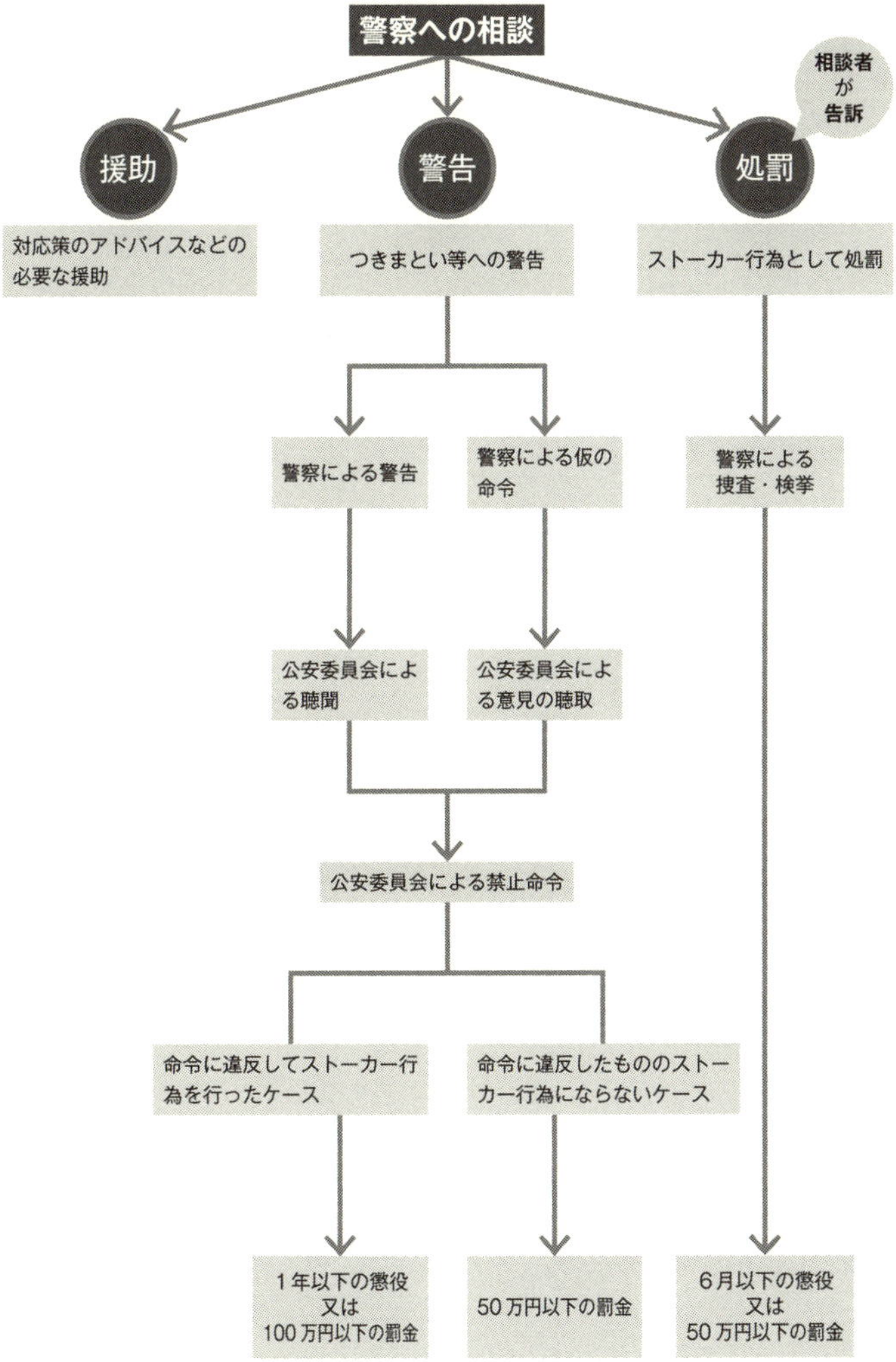
警察への相談
相談者が告訴
援助
警告
処罰
対応策のアドバイスなどの必要な援助
つきまとい等への警告
ストーカー行為として処罰
警察による警告
警察による仮の命令
警察による捜査・検挙
公安委員会による聴聞
公安委員会による意見の聴取
公安委員会による禁止命令
命令に違反してストーカー行為を行ったケース
命令に違反したもののストーカー行為にならないケース
1年以下の懲役又は100万円以下の罰金
50万円以下の罰金
6月以下の懲役又は50万円以下の罰金

いたとしたら、これもまた怖いことだ。厳格な法律がまかり通る国なら、みんなが警察に駆け込んで「これこれの違法行為でこんなひどいことをされたので逮捕してください」と訴えるようになって、恐怖の警察国家になってしまう。

だから本当に危ないときには、法を出して警察に「捕まえてください」と言うのではなく、「危険だと思われるので助けてください」と言わなくてはいけないのである。

企業の管理職と弁護士がクレーマーを告訴するために、無理やり法律を当てはめようとして「ああでもない、こうでもない」とやっているうちに、トラブルは大きくなり、社員が傷つけられるかもしれない。クレームストーカー対策は、手遅れにならないうちに、警察署で「相談」することが肝要なのだ。

クレームストーカーは一致団結して撃退しよう

企業を悩ませるクレーマーが増えているこの時代、どのお客さんが危険なクレーマーなのか見分けるのは難しい。

ただ言えるのは、**いつも最悪の事態を考えて動かなくてはいけない**ということだ。相手が急に態度を変えて攻撃してきたときに、準備していないと対応のしようがない。

法律は必ずしも企業を守ってくれないということを、きちんと認識しておくこと。そのうえで地域の警察と信頼関係をつくっておくことが、クレームストーカー問題に対処するリスクマネジメントの第一歩となる。

また企業はクレーム問題に対応できる顧問弁護士と契約しておく必要もある。すべてのクレームは事件化するリスクを考慮すれば、できるだけ刑事事件にならないよう処理できる弁護士さんは不可欠といえるだろう。

たとえば組織の黒幕がついている金銭目的のクレームでは、逆に法的手段に出なければならない。最初に例にあげたような、夫婦を装ったカップルがやったことは、いわゆる美人局である。こういう場合は、弁護士に一任してさっさと法律論で対抗することだ。そうすればプロは「この会社からはお金はとれないな」と踏んで引いてくれるのだ。

だが難しいのは、ほとんどの弁護士は企業のクレーム処理はやりたがらない、ということだ。

相手の目的が最初からお金で、すんなり民事裁判にいってくれたら弁護士もまだやりやすい。しかし適合する法律がないクレームストーカーのようなケースは、法的な発想では、警察の協力を得ることができない。警察に助けてもらうために、必要な証拠集めをすることも弁護士はできない。弁護士はそれがわかっているから、クレームトラブルの処理を飛び込みで依頼しても、誰も引き受けてくれないだろう。

そのため私のところに企業から相談が山のように来るのだが、刑事裁判にまで進むこともあると考えれば、やはり顧問弁護士はいてもらわなくては困るのだ。

では、企業はどういう弁護士に顧問になってもらえばいいのか。

弁護士と契約するとしたら、法律論で凝り固まった弁護士はやめておいたほうがいい。ざっくばらんに話ができないタイプの人や、電話も携帯もなかなかつながらない、自分で電話に出ない人もお勧めできない。

緊急の連絡にすぐに応じてくれて、複雑なクレーム問題に多角的なアプローチができ、人間味のある弁護士さん。そんな弁護士ははっきり言ってものすごく少ないが、そういう人がついていれば企業の強い味方になるだろう。

最後にクレームストーカーの対処についてまとめると、**お客さんの言動がおかしいときには、まず相手の目的を突き止めることだ。**

金銭か、社員か、はたまた企業の失墜を狙っているのか。私が顧問をしている企業では、経営者や管理職、社員、顧問弁護士、地域の警察の人も交えてディスカッションをする。そうやって相手の目的を絞り込んで、とにかく要求に応えないようにする。たとえば相手の目的が社員なら、絶対に社員に接触させないようにする。多くのクレームストーカーは、どうやっても自分の要求が容れられないとわかれば諦める。だから執拗で手強いクレーマーの対応策には「対応しないという対応」も選択肢のひとつになるのだ。

クレームストーカー問題は、通り一遍の方法では解決できない。

地域の警察、顧問弁護士、自治会など、みんなで一致団結して立ち向かってほしい。

対策ポイント

相手の本当の目的をつかみ、あらゆる手立てを講じて社員を守るべし

第4章

「個人情報保護法」の悪用はこうやって阻止せよ

——ネットやメールを介して社員が狙い撃ちに！

インターネットの悪質な書き込みは防止できない？

あなたのもとには、企業から「お客さまの情報の流出に関するお詫び」といった文書が郵送されてきたことがあるのではないだろうか。

顧客の氏名、住所、電話番号などの個人データが不正に持ち出された場合、企業は早急に対処しなくてはならない。「個人情報保護法」により、個人情報を取り扱う企業は、預かっている情報を安全かつ適正に管理する義務があるからだ。

顧客のデータを取り扱う以上、個人の権利や利益を保護するのは大事なことである。だが、その一方では、個人情報保護法がいろいろな形で足かせになって、クレーマーの悪意ある攻撃を防ぐことができない企業も増えているのだ。

【事例】

ネットに誹謗中傷を書き込まれたC社

C社は家庭用品を扱う企業である。年々営業網を広げて、ここまで順調に成長してきた。ところが、最近になって売上げが落ちている。なぜだろうと思った社員が、あるとき何気なくインターネットの検索エンジンに自社の名前を入れてみて目を疑った。C社を誹謗中傷する書き込みが山のように出てきたのである。

社員が、掲示板などを片っ端から読んでいくと、さらに驚くべきことが書かれていた。C社の関東地区で顧客からのクレームに対応するAさんの実名が出ていて「Aに強姦されて子どもを産まされた」という大量の書き込みがあったのだ。そうした一連の記述に対して「C社サイテー！」とか「A死ね！」という反応もたくさんあった。

これだったのか！　社員はすぐ、上司に報告してAさんに事実を確認した。当然、Aさんにそんな覚えはまったくない。やがてネットの掲示板には「C社では社内でレイプも日常茶飯事」といった、ひどい内容が書かれるようになってきた。

C社の顧客の大半は家庭の主婦だ。このままでは会社が潰れる。危機感をもった経営陣は、顧問弁護士に相談したが、「やめさせるのは難しいでしょう」と言う。インターネットの掲示板への書き込みはフリーアドレスで書き込まれているため、犯人を特定しづらいうえに、削除する手続きも面倒だからだ。

焦ったC社の幹部は、近くの警察署にも行ってみた。ところが警察官にも「個人情報保護法があるから、証拠もなしに警察が犯人を捜すわけにはいかない。弁護士さんによく相談してから出直してきてください」と言われてしまう。「弁護士に相談して難しいと言われたから、警察に来たんだ」と言いたかったが、どうすることもできない。

C社では、どんどん増えていくひどい内容の書き込みを見ているしかなかった。

個人情報保護法（個人情報の保護に関する法律）は、二〇〇五年四月一日から全面施行された法律だ。

目的は「高度情報通信社会の進展に伴って、個人情報の利用が拡大されたことにより、個人情報の有用性に配慮しつつ、個人の権利利益を保護すること」、としている。つまり情報技術の発達によって、大量のデータを利用できるようになったため、「個人情報を取り扱う事業者は、しっかり管理しなさい」という法律なのだ。

高度情報社会では、この法律が必要なのは言うまでもない。個人情報保護法の施行によって、電話でのしつこい勧誘やダイレクトメールが減ったのも確かだ。

ところが個人情報保護法というのは、企業にとって、さまざまなジレンマをもたらす法律ともいえる。

C社のように、いわれのない**誹謗中傷をインターネットに書き込まれると、個人情報保

護法が書き込みをした者を守ってしまうのである。

企業が、掲示板の管理者やプロバイダーに削除やログの開示を求めても、個人情報保護法がある限り、彼らは拒否することができる。どんなひどい内容の書き込みであれ、利用者の個人情報保護を理由に、企業からの請求を拒む。掲示板の管理者やプロバイダーは、警察や裁判所の介入がなければ、ログの開示に応じようとはしないのだ。

ならば警察に介入してもらおうとしても、警察という組織は、証拠がない限り動いてくれない。じゃあ証拠をつかむために、ログの開示をしてくれと言っても、掲示板の管理者やプロバイダーは「警察からの命令でなければできない」と言う。

そこで堂々巡りになって、企業はやられ放題になる。どこの誰がやっているのかわからない書き込みを阻止できず、業績にも響いてくるのである。

企業が自ら証拠を集めればログの開示はできる

インターネットに書き込まれた誹謗中傷の対応に四苦八苦している企業は多い。

クレーマーはフリーアドレスを使うなど、あの手この手でワナを仕掛けてくる。C社のようなケースでは、たとえばクレーム担当者の対応を逆恨みして、ネットに大量の書き込みをしたりする。オーソドックスな電話でのクレーム攻撃ではなく、いったん引き下がって、ネットへの書き込みという作戦に変更するのだ。

これに対抗するために、いちばん大事なのは「会社を不当に攻撃する者は、どんな手段を講じても絶対に許さん！」という強い意志を企業がもつことだ。

たいがいの企業は、弁護士や警察に「犯人を特定するのは難しいだろう」と言われて諦めてしまう。

だが諦めたら、こちらの負けだ。企業が弱気になって手をこまねいている限り、警察は援助してくれない。**警察が行動しやすいように、自分たちが率先して動き、法の番人が助けてくれる状況を整えなくてはならない**のだ。

ではネットに悪質な書き込みをされた企業は、どうすればいいのか。

まず警察に動いてもらうために、掲示板に書かれていることは、まったくの嘘で明らかに悪意のある行為だという証拠を集めなくてはならない。

警察は原則として、これは犯罪であるという百パーセントの確証がなければ、ログの開示を命令することはできない。疑わしいというだけで警察が介入していたら、何でもかんでも取り締まる恐怖国家になってしまうからだ。

それでは、どうやって犯罪行為の真偽を証明すればいいかというと、弁護士と一緒に調査をする。ログの開示はさせられないが、書き込まれている内容が本当かどうかは、自分たちで調べることができる。そうした調査の結果をもとに、弁護士による法的見解を警察に提示するのである。

だから企業は、ふだんから信頼性の高い弁護士を見つけて顧問契約を結んでおくべきなのだが、経費削減の折柄、顧問弁護士のいない企業もある。

顧問弁護士のいない企業は、単発でこのような案件を弁護士に依頼するときには「結果が得られなくても文句を言わない」と約束しておくことだ。インターネットの誹謗中傷の処理といった困難なケースは、着手してうまくいかなかったら、企業とトラブルになることを弁護士は最も恐れる。したがって最初の時点で、弁護士に「最終的に犯人を特定できなくてもしょうがありませんが、できるだけの対応をしたいのです」という言質を与えておくことも、着手するにあたってはけっこう大事なことなのだ。

さて、弁護士と証拠集めをする際に、もうひとつ気をつけなくてはいけない点がある。

●警察から要請があるまでは、弁護士と一緒に警察署に出向かない

これも意外と重要な注意点なのだが、ほとんどの企業がわかっていない。よく考えてみてほしい。警察は行政、弁護士は司法。本来たがいに交わる存在ではなく、むしろ天敵である。とくに警察は、立場的にも感情的にも、はっきり言ってしまえば弁護士というものが嫌いなのだ。

私は、エビデンサーとしてさまざまな事件を経験しているときに、そのことを肌身で知った。企業の顧問弁護士のなかには、警察の立場や感情を斟酌《しんしゃく》しないで、法律論でこじつけて動かそうとする人がたくさんいる。もともと法律にそぐわないトラブルであるのに、証拠集めもせず、机上の論理で法的な根拠を無理やり当てはめて「こいつを捕まえてくれ」と警察官に命じるような弁護士もめずらしくはない。そういうタイプの弁護士が出てきたら、警察は絶対に協力してくれない。

だから警察のほうから「弁護士さんの意見をうかがいたい」と言ってくるまでは、企業

の幹部または社長自ら警察署に行かなくてはならないのである。

これはインターネット被害対策のプロセスにおける要と言ってもいい。

多くの企業は、はじめから弁護士を連れて警察署に行ったりする。または顧問弁護士に任せっきりにして、警察官と直接交渉させたりする。

しかし弁護士と警察官が直に接すると、ロクなことにならない。「事実確認もしないで、頭から名誉毀損だの何だの言われても、動けるはずがないだろう」と警察官に言われてお終いなのだ。警察に見放されたら、ログの開示もできないし、ネットに書き放題、書かれるのを見ているしかない。

よって企業は、まず弁護士と一緒に調査をして、ネットに書いてある内容が虚偽だという証拠を集めること。同時に、企業の人間だけで警察に出向き、経過報告などをして刑事さんや警察官とコミュニケーションをとる。すると刑事さんや警察官は「もっとこういう証拠はないか?」と言ってくる。そうして必要な証拠が集まって、いよいよ警察が動けるような法的な材料が揃ったら、文書にして持って行くのだ。

そこで、ようやく弁護士と警察側の顔合わせとなる。弁護士が、警察署で「これこれの事実が確認されて、こちらはこれだけの実害が出ています」と法的な見解を述べる。そこまでやって書き込みの内容が法的に虚偽であるとわかれば、警察も後押ししてくれる。犯人を突き止めるために、ログの開示の命令という運びになるのである。

インターネットの評判は企業の業績を左右する

それではインターネット被害の対応策は、具体的にどうするのか。

数年前、私が扱った案件の経緯をご紹介しよう。

被害に遭ったのは、メーカーO社のNさん。Nさんは、キャバクラで出会った女と一回だけ関係をもった。Nさんは行きずりの関係のつもりだったが、しばらくすると、インターネットの掲示板などに「O社のNに強姦されて妊娠させられ、子どもを産んだあげく捨てられた」という大量の書き込みをされた。社名もNさんのフルネームもすべて実名で、あちこちの掲示板に書かれてしまったのだ。

Nさんは真っ青になった。確かに関係をもったのは事実だが、誘ってきたのは女のほうだ。強姦されたって？　子どもを産んだって？

慌てたNさんは自宅近くのY警察署に駆け込んで、ログを開示してやめさせてほしいと頼んだ。ところが警察は「どうせ相手はネットカフェなどからフリーアドレスで書き込んでいるから、そんなものは対応できない」と言う。

途方に暮れたNさんは、知人のつてを介して、私のところに相談にやって来たのである。

私は、Nさんから当時の状況を聞き出し、**事実だけを簡潔に述べた書面**を用意するよう指示をした。また**物的証拠となるような、女と会った当時の記録**などもできるだけ多く揃えてもらった。それを持参して、私はNさんと一緒にY警察署に行った。

するとY警察署の刑事さんは、いきさつが一目でわかる書類を見てビックリした。「そういう事態なら動こう」と言ってくれたのである。ただし「相手に本当に子どもがいたらどうする？　その可能性はないのか？」とも言われた。可能性はゼロではない。

そこで私の知り合いの弁護士さんに相談したら「女の戸籍謄本をとってはどうか」という提案をしてくれた。その弁護士さんが、女の住む地域の行政に連絡をしてくれて、弁護士会の許可をとって謄本を入手したのだ。

案の定、子どもの記載はなかった。女が悪意をもって、Nさんを貶《おとし》めようというのは明白だ。それで警察も了解して、ログの調査に入ってくれたのである。

一方、法務省人権擁護局の人権擁護委員にも相談した。人権擁護委員は、法務大臣の委嘱により全国の市区町村に配置されている。私たちは、地域の人権擁護委員の指示を受け、弁護士と協同で掲示板の書き込みの削除依頼を出したのだ。

ところが掲示板の管理者たちは削除を拒否した。警察からの命令ではないし、法的根拠がないというのが理由だった。

そこで私たちがどうしたかというと、プロバイダーに圧力をかけたのである。

いちばんひどい書き込みをしている掲示板は、海外のプロバイダーを利用していた。国際的なガイドラインでは、自ら認定しているルールに違反する書き込みなどがあれば削除しなければならないという規則がある。だから私たちはその国の弁護士に連絡をとって、弁護士から働きかけてもらったのだ。

効果は絶大だった。その国でシャットアウトされれば、掲示板は世界中で閲覧できなくなる。管理者は渋々だが書き込みの削除に応じた。また警察は開示されたログをもとに、女に警告を入れてくれた。これで、ようやく書き込みは止まって解決したのである。

このNさんの問題は個人の案件だったが、O社のトラブルでもある。女はO社の社名も書き込んでいたため、会社にとっても大きなダメージになるからだ。

ところが、O社は呆れるほど非協力的だった。

O社は「お客さまからのお便り」として、ホームページに顧客の声を掲載している。女は、そのホームページにも「Nに強姦されて子どもを産んだ」という書き込みをしている。しかしO社は「よくあるいたずらだろう」と片付けて削除していた。O社には、Nさん個人のみならず、会社も攻撃されているという危機感がまったくないのだ。

Nさんは、意を決して法務部に行き、すべてを洗いざらい話して相談をした。にもかかわらず法務部の人からは「あなたがヘンな女に引っかかったんだから、この女を下手に追及したら、困るのはあなたでしょう」と言われたという。

また私と弁護士は、証拠集めのためにホームページのログの開示も請求した。ところがO社は「お客さまの個人情報があるので」と言い出す。女は、外の掲示板にO社の社名をバンバン書き込んでいる。「個人情報もへったくれもない、女を突き止めないと、困るのはそれこそあなたたちの会社だろう」と言っても、「できません」の一点張りなのだ。

O社が開示を固辞する訳はほどなくわかった。

社長や役員も、ホームページに同種の書き込みをされていたのだ。社長や役員の恥をさらしたくないから、ログを私たち外部の人間に渡したくない。別の言い方をすれば「お客さまの個人情報」ではなく「社長や役員の個人情報」を守りたかったのだ。

O社は、警察が介入してもなお情報の開示を嫌がった。しかし自分たちの会社の社員が被害に遭っているのに、協力しようとしない企業を警察はどう思うだろうか。社長や役員の、つまらない面子にこだわっている場合ではない。

O社はどちらかというと、世間ではお堅いイメージのメーカーだ。しかし今は厳しい競争にさらされて、社長も役員も社員もみんなプレッシャーを抱えている。たまにはプロの女の子と後腐れなく遊んで息抜きをしたかったのだろう。

だが今はプロだろうがアマだろうが、お金を持っていて隙のありそうな男性を狙う女は多い。女を操る黒幕もいる。O社の社長や役員、Nさんはその手の女にやられたのだ。

Nさんの場合、女は、Nさんに遊ばれたという恨みがあったのかもしれない。あるいは掲示板を見て驚いたNさんが連絡してきて、これで勘弁してくれとお金を出させるように目論んでいたのかもしれない。

最初に事例であげたC社のケースは、いわれなき誹謗中傷である。かたやO社のNさんは、身から出た錆と言えなくもない。

ただ共通するのは、どちらも放置していては会社が倒れる恐れもあるということだ。

インターネットの書き込みはどうしようもないと、端から諦めている企業がほとんどだ。社員が攻撃されても、「それはあなたの問題だろう」と言って見捨てる企業も多い。

しかし**ネットの評判は、企業の業績を左右するほど影響力が大きくなってきている。**ネット対策に費用と時間をつぎ込んでいる企業もなかにはあるが、それくらいしないと、噂をきっかけに潰されかねないのだ。

ネット対策について、企業の方々が認識しなくてはいけないのは、

●個人情報保護法がネックになって犯人を特定しづらい
●ネット被害は、法的な証拠がなければ警察は動いてくれない

という二点である。ネットに悪質な書き込みをされたら、企業が自ら動いて証拠を揃えるしかない。そして証拠を持って警察へ行く。それが解決への唯一の道なのだ。

Ｐマークを認定されたらストーカーが激増！

外から多くの企業を見ていると、どこの会社も個人情報保護法にがんじがらめになって、逆に自分たちの首を絞めているようにも思えてならない。

確かに、顧客の個人情報が漏洩した企業は、社会の信用を失いかねない。だから企業は情報の保護に躍起になっているのだが、インターネットに誹謗中傷を書き込まれると、その個人情報保護法の壁に阻まれて犯人を探し出すことができない。ＮさんのＯ社のように、社長や役員を守るかわりに、会社のイメージダウンを防げないという、何とも皮肉な事態も招いてしまうのだ。

インターネットへの書き込み以外では、近ごろはＰマークの取得から思わぬ状況になっている。個人情報保護システムの確立をアピールするためのＰマークを認可されたために、社員が窮地に追い込まれるケースもあるのだ。

【事例】Ｐマーク取得で社員がピンチに陥ったＤ社

D社は事務用品のメーカーで、顧客対応をメールで受け付けている。近年、個人情報保護法におけるコンプライアンス（法令遵守）が企業に求められているため、D社は多額の費用を費やして、Pマークの付与申請をして認定された。

Pマークを付与された企業は、顧客から受けたメールは個人のアドレスで返信しなくてはならない。D社でも、製品に関する問い合わせ先として、製品やホームページに記載しているinfo宛てのメールは、対応した社員のアドレスで応えている。これは情報の漏洩を防ぐための有効な策になるからだ。

ところが、個人のアドレスで返信するようになってから、顧客からのメールの内容が変わってきた。D社の顧客対応を担当するのは、ほとんどが女性である。最初は製品への問い合わせでも、メールのやりとりをしているうちに、仕事に関係のないプライベートの話を書いてくるようになる。そんなメールが急増してきたのだ。

担当の社員はみんな、製品の話と関係のない膨大な数のメールに困ってしまった。かといって、顧客からのメールなのでむげにはできない。なかには数分間隔で送ってくるストーカーまがいのお客もいて、恐怖を感じる社員も出てきた。

Ｐマークを付与されている企業で、個人名のアドレスで返信している社員が、クレームストーカー被害に遭うケースはよく聞く。

Ｐマークの認定企業は、顧客からinfo宛てに送られてきたメールは、たとえばhiratsuka@何とかで返すことになっている。ところが、これが誰でもいいから若い女の子に近づきたいタイプの相手を刺激してしまう。個人名のアドレスで返信したことで「hiratsukaさんのメルアドゲット」という気分にさせてしまうのだ。

それでどうなるかというと、毎日、何通も何通もメールを送ってくる。担当の社員は、相手はお客さんだから、製品の問い合わせとは関係のないメールでも律儀に返信せざるを得ない。そんなことを繰り返していると、当然、相手は勘違いをする。

あげく相手は会ってみたいという気持ちを募らせて、会社の前で張り込みをしたり、尾行をして自宅までついて来るという事態になるのである。

法律や制度をつくるほど犯罪の手口が増える

Ｐマーク（プライバシーマーク）というのは、日本工業規格「ＪＩＳ Ｑ １５００１」

に適合し、個人情報保護措置を整備・運用している企業を認定して、日本情報処理開発協会（ＪＩＰＤＥＣ）よりＰマークを付与する制度だ。

Ｐマークを取得すると、個人情報保護システムをしっかり整備していることがアピールでき、マークを店頭や店内、契約書やホームページなどで使用できる。つまりＰマークを付与された企業は、社会や顧客に対して、高い信用を得るインセンティブを与えられるというわけだ。

企業はＰマークを付与されていなければ、実質、国家機関と取引できない。たとえばＤ社のような事務用品のメーカーなら、Ｐマークがないと官庁などに製品を卸せない。だから業態によっては、Ｐマークの認定企業にならなくては営業ができない会社もあるのだ。

ここ数年は、個人情報保護を重く見る世の中の動きにそって、Ｐマークを取得する企業が増えている。

認定されるためには、申請料、審査員による文書審査や現地審査の審査料、マーク使用料の他、審査に合格するための高額な研修費もかかる。費用は企業の規模によって異なるが、合計で平均数百万円にものぼる。そこまでして**Ｐマークを取得して、ストーカーを呼び込むきっかけをつくっているのだから矛盾した話**だ。Ｐマーク認定によって、社員を狙う人間を生んでしまっているのである。

個人情報保護法のいちばんの問題点は、企業や社員を違法な手口で攻撃してくる人間にも有利に働いてしまうという点だ。

Ｐマークは、個人情報保護のための実効性を向上させる制度として運用されている。しかし法律を突き詰めて、仕組みを整備すれば、情報漏洩が防げるかというとそんなことはまったくない。企業の現場でトラブルの調査・解決を請け負う私に言わせてもらえば、チャンチャラおかしいといっても過言ではない。

違法な行為で企業や社員を陥れようとする人間は、法律や仕組みをつくればつくるほど、その裏をかいて攻めてくる。新しい法律ができれば、どこに抜け道や穴があるのか、何ができるのか、やつらは鵜の目鷹の目で探すのだ。

私が数多くの案件で、高い成績を上げているのは、法律や仕組みで戦わないからだ。相手が法律や仕組みをすり抜けて裏をかいているのに、同じ方法で対抗しても勝てるわけがない。地域の警察、行政、司法、弁護士、自治会、商店会、商工会、そして住民など、こちらの人間関係で相手を包囲するのが、クレーマーやクレームストーカーを撃破できる

プライバシーマーク制度

プライバシーマーク®制度
PRIVACYMARK SYSTEM

プライバシーマークの付与認定に係る費用

料金表（平成 16 年 10 月 1 日改定・平成 16 年 12 月 1 日適用）

単位：万円（消費税込）

種別	新規のとき			更新のとき		
事業者規模	小規模	中規模	大規模	小規模	中規模	大規模
申請料	5	5	5	5	5	5
審査料	20	45	95	12	30	65
マーク使用料	5	10	20	5	10	20
合計	30	60	120	22	45	90

※事業者規模は資本金・従業員数などで区分

ただひとつの方策なのだ。

ところが企業の方々は、この事実を知らない。知らないから個人情報保護、法令遵守を謳い、多額の費用を投じてPマークの認定企業になる。

しかし、いまや大手企業の有能な法務部員などは、Pマークの認定企業ほど危ないと言っている。なぜならPマークを付与されたことで、安心して防御が甘くなるからだ。実際、Pマーク認定企業で顧客情報が漏洩するケースは後を絶たない。

クレーム対策に費用対効果を期待してはいけない

とにかくPマークについては、あまり有効な制度とは言えないというのが私の意見だ。法律や仕組みをつくって、それを強制すると、かえって新たな犯罪の手口が増えていく。現実に、個人情報保護法がさまざまな犯罪を誘発している。

とはいえ、法律や仕組みをなくすわけにはいかない。個人情報保護法そのものは必要な法律であるし、Pマークも国家行政機関と取引する企業はとらなくてはならない。

であれば、Pマークを取得する企業は、いかに運用していくかを考えるべきだろう。

すべての制度は入り口に過ぎない。制度を活用するときは、いかにしてそのシステムを有用に使うか、自分たちでマネジメントしていかなくてはいけない。

Pマークを取得したからといって、それだけで企業の個人情報保護が完璧なものになるわけではない。D社のように、Pマークを取得したことで、付随してストーカーを呼び寄せてしまうケースも激増している。

だから**Pマーク認定企業になるなら、同時にクレーム対策およびストーカー対策をしっかり打っておくことが肝要**なのだ。

ただしクレーム対策やストーカー対策というのは、費用対効果が計算できない対策といえる。クレームもストーキングも、いつ、どこから、誰が、どういう手口で仕掛けてくるかわからない。何カ月も何も起こらないかもしれないし、いきなり怒涛のクレームが立て続けに押し寄せるかもしれない。

そんな、いつ起こるかわからないものに経費はかけられないという企業も多いだろう。

しかし対策を打っておかなければ、厄介なトラブルが発生したときに、適切な対応ができず企業の存続が揺らぐ。またストーカーから社員をガードしない企業は、社員がどんどん辞めてしまい、有能な人材を確保できなくなる。そうなってから、もっと予算と人員をかけて準備しておけばよかったと悔やんでも遅いのだ。

具体的には、企業のトラブルで実績のある顧問弁護士、そして私のような調査・分析・証拠集めのできるプロフェッショナルが必要だ。

それから企業内で、クレーマーやストーカーに対応する専門チームをつくらなくてはいけない。またクレーマーやストーカーに備えて、お客さんに接する部署は、異なる年代の違うタイプの社員を配置しておくことも忘れてはならない。

あとは支店や店舗には防犯監視カメラの設置が必須であるし、他のお客さんの迷惑にならないようにクレーマーを連れ出すための別室を用意しておきたい。またPマークを取得した企業の顧客対応はメールではなく、電話に限ったほうがいいかもしれない。一日に何百通も送信されて、受信メールサーバーがパンクしたら仕事にならないし、社員がストーカーに襲撃されたら取り返しがつかないことになる。

これらは予算がかかるうえに、恒常的な効果は期待できない。だが、これを無駄ととらえる企業は、遅かれ早かれ間違いなくトラブルに見舞われるだろう。

企業の個人情報保護法遵守と、クレーム対策はいわば相反するものだ。

個人情報を守ろうとすればするほど、企業や社員を狙うクレーマーやストーカーをも守ってしまう事態が生じる。

もどかしく悩ましい問題ではあるが、それぞれの企業が顧客の情報保護のハードルを越えて、クレーム対策を立てなくてはならない時代が来たのだ。

対策ポイント

個人情報保護法の裏をかいて陥れられないよう万全の準備をしておこう

第5章
トラブル解決のキーになるのは消費生活センターだ
——抗弁権の接続をかけられたらいかに対抗すべきか?

落ち度はないのに抗弁権の接続をかけられた！

現在、クレジットカード会社と加盟店契約を結んでいる企業や店舗は多い。これによって消費者はその店でカードを使い、分割払いで高額の商品を買ったりサービスを受けることができる。企業や店舗にとっては、消費者がクレジットカードのローンを利用することで、値の張る商品やサービスを提供しやすくなるわけだ。

ところが最近は、クレジットカードの分割払いを悪用するクレーマーが急増している。クレジット契約を結び、商品をさんざん使ったりサービスを受けたあとで、店にクレームを入れる。そうしてクレジットカード会社へ支払停止の抗弁権を行使するのだ。

支払停止の抗弁権を行使する手口とはどういうものなのか、事例をあげよう。

【事例】

理不尽な「抗弁権の接続」をされたD社

D社は新興のエステティック業者である。従業員の真面目で丁寧なサービスは、顧客からの評判がとても良い。新しく店舗を出したところでも地域に貢献し、周囲の信頼を得て成長し続けてきた。

ところが、ある店舗でスペシャルコースを受けているお客さんが、

「効果は全然ないじゃないの！　詐欺だわ！」

と言い出した。このお客さんは、八〇万円のクレジット契約を締結している。半年以上サロンに通い、コースの終盤に差しかかったところで「最初に契約するときに、従業員が言っていたような効果が全然あらわれない」と言うのである。

D社は、エステティックという役務業務の特質として、さまざまなトラブルも起こりやすいことが考えられるため、従業員にはふだんから徹底した教育をしている。また優秀な顧問弁護士もついており、契約時の説明に不備はないはずだった。

しかし間もなく、このお客さんの使っているクレジットカード会社から電話がかかってきた。お客さんが消費生活センターに「D社に騙された」と相談し、消費生活センターからカード会社に連絡があって、支払停止の抗弁を申し出たというのだ。

カード会社は、支払停止の抗弁を通知されると、お客さんに支払いを請求できなくなり、お客さんの口座から引落しができない。カード会社としては、お客さんからの支払いが一時停止しているので、D社に対し「一刻も早くD社とお客さんの間で話し合って、問題を

解決してほしい」と言うのである。

D社は驚き、カード会社に連絡をしてきた消費生活センターに出向こうとした。だが今は消費者からの相談事が多いためか、消費生活センターの電話は何度かけてもなかなかつながらず、やっとつながっても相談員との日程の調整がつかない。

そうこうしているうちに再度カード会社から電話がかかってきて「このまま、お客さんに支払いを請求できないのは困る」と言われてしまった。

D社はクレジット利用が売上げの柱だ。複数のクレジットカード会社と加盟店契約をしているが、一社でも契約を打ち切られ、そのカードが使えなくなるのは痛手になる。

D社は社長、役員、店長らの全体会議で話し合い、カード会社とトラブルになって関係が悪化するのはまずいと結論づけた。そしてカード会社に一括で返金することにした。自分たちに落ち度はない。しかし、お客さんに「騙された」と言われ、支払停止の抗弁権を行使されればどうしようもなかった。

支払停止の抗弁権は、悪徳業者に対抗するために法で定められた消費者の権利である。たとえば、よくある例だが、お年寄りが悪徳リフォーム会社に騙され、クレジット契約をして自宅をリフォームしたとしよう。

このときリフォーム会社がずさんな工事をしていて「おかしい」とわかった場合、ずさんな工事だということを抗弁事由として、クレジットカード会社の支払請求を拒否でき、クレジット契約の支払いを一時的に停止できる。この消費者の権利を、割賦販売法（第三〇条の四）における支払停止の抗弁と言い、この権利を行使することを抗弁権の接続（または抗弁の接続）と言う。

これは悪徳業者に騙されたときには、消費者が業者に対抗するための有効な手段となる。

ところが、近ごろはD社のようなまともな企業や店舗が、顧客に抗弁権の接続をされてカード会社に返金を余儀なくされている。**商品やサービスに瑕疵がないのに、難くせをつけて抗弁権の接続をしてくるクレーマーが増えているから**である。

カード会社と販売店の受発注ができなくなる

ここ数年、悪徳業者が激増したため、消費者保護の法律が次々と成立し施行されてきた。

もちろん、それはそれで必要な施策であり、悪徳業者をのさばらせておくわけにはいかない。私も個人の案件では、悪徳業者とずいぶん戦ってきた。

だが逆に企業の立場に立つと、また違った見方ができる。法律で悪徳業者を規制しようとするあまり、今度は悪質な個人をのさばらせている現象があらわれているのである。

完璧な法律というのはどこにもない。消費者保護のための法律ができればそれを逆手にとるやつも出てくるし、逆手にとる悪人を法が守ってしまうケースも多いのだ。

割賦販売法における抗弁権の接続も、矛盾を含む法律のひとつといえるだろう。抗弁権の接続という法律の何が問題かというと、悪用されれば、クレジットカード会社も企業もどちらも大打撃を受けるということだ。

お客さんがクレジットカードを使って分割払いで商品を購入すると、消費者、販売店、クレジットカード会社と、三者間の契約が成立する。

販売店・カード会社間には加盟店契約があり、カード会社・消費者間にはクレジット契約があり、消費者・販売店間には売買契約がある。

たとえば一〇回払いで消費者が百万円の商品を購入したとしたら、カード会社は販売店に一括で百万円を立替払いする。一方、カード会社は消費者に一〇回分割で代金プラス手

販売店・消費者・信販会社（クレジット会社）の関係

〈商品やサービスを分割払いで契約・購入した場合〉

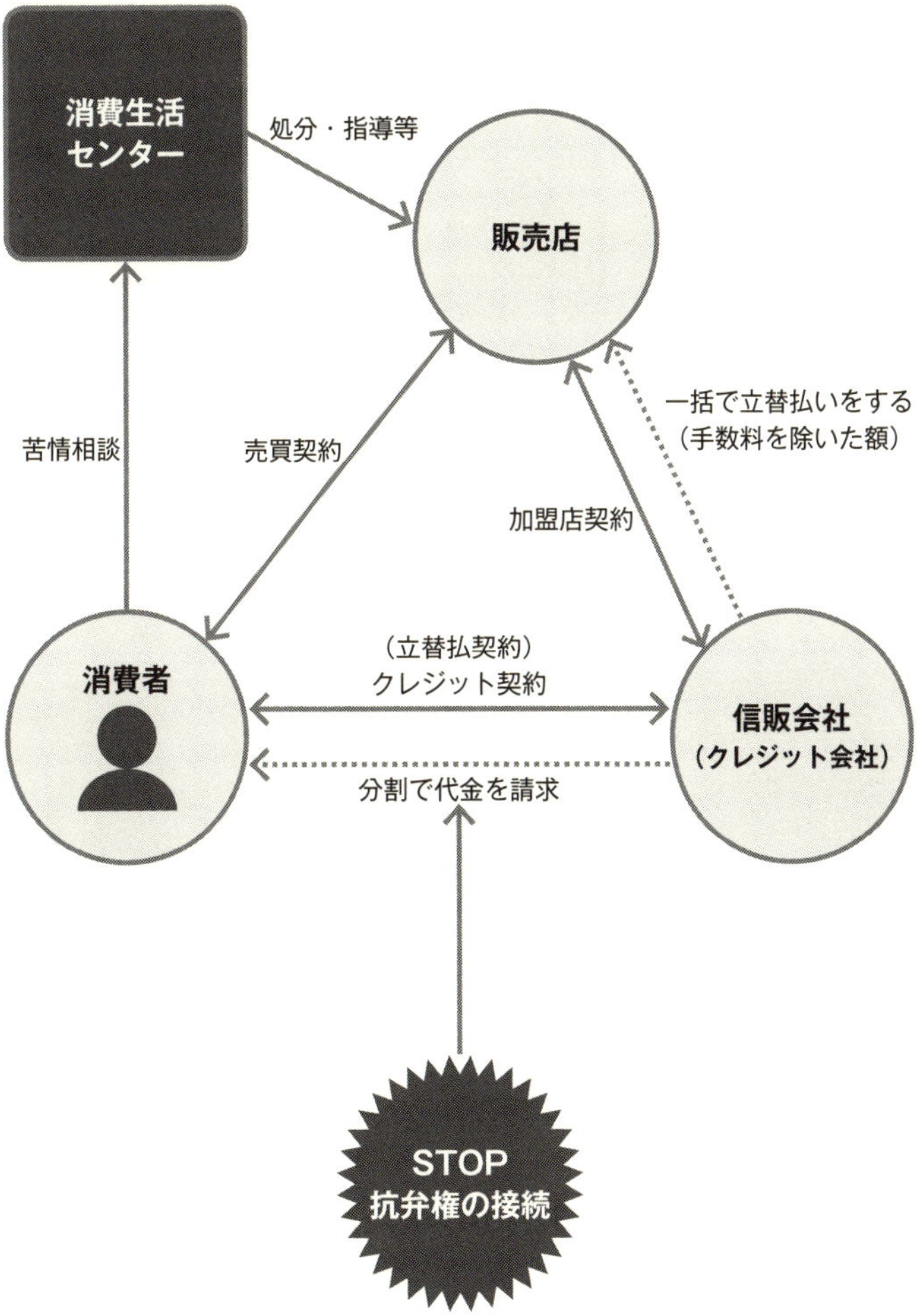

数料を請求する。そして毎月、消費者の口座から一回分の代金プラス手数料が引落されるという仕組みになっている。

この仕組みのなかで、クレーマーが不当な文句をつけて、消費生活センターに駆け込んだらどうなるか。言葉たくみに「こんなひどい商品を買わされました。買うときは効果があると言っていたのに、全然効きません」と訴える。すると消費生活センターの相談員は、クレーマーに「支払停止の抗弁ができますよ」とアドバイスして、クレジットカード会社に抗弁権の接続を通達するだろう。

これをやられれば、**カード会社と販売店の受発注が止まってしまう。**

カード会社にしてみれば、消費者に請求書を上げられなくなる。ということは、カード会社は月次決算なので、月次をまたいで損金になる。だから販売店に「お客さんと話し合って、早く解決して、抗弁権の接続を解いてくれ」と要請することになる。

カード会社から要請された販売店は、じゃあ急いで消費生活センターに出向いて交渉しようとしても、なかなか連絡がとれない。なぜなら今は悪徳業者も、悪徳消費者とでも呼ぶべきクレーマーもどちらも多く、都道府県や市区町村の消費生活センターの電話はパンク状態になっていて、つながりにくくなっているからだ。

するとD社のケースのように、すぐに二、三カ月くらい過ぎてしまう。カード会社はカード会社でその間、請求書が上げられないから「早く解決しろ」と矢の催促をする。販売店はここでカード会社ともめて、加盟店契約を切られるのだけは避けたい。結局、多くの企業は代金を返すしかないのだ。

抗弁権の接続は、弁護士に仲介してもらって行使することもできるし、消費者が自分でカード会社に内容証明郵便を送付してもいい。しかし行政機関である消費生活センターのお墨付きがあれば、話は早く進む。

そのため近ごろは「企業に直接クレームを入れるより、消費生活センターに駆け込んだほうが、お金が返ってくる」という噂が広がっているらしい。悪質なクレーマーだけではなく、ちょっとした商品の欠陥や、ほんの少し最初の説明や見本と違っているというだけで、**消費生活センターに電話をして相談する人が増えている**のだ。

割賦販売法は、もともとは悪徳業者から消費者を保護するためにつくられた法律である。しかし何でもかんでも消費生活にセンターに持ち込んで、抗弁権の接続をして支払いを一時的に停止されれば、カード会社も企業もたまったものではない。

要は、政治家や法律家が、企業の経済原理を理解していないのである。

顧問弁護士たちは、こともなげに言う。

「悪いやつに抗弁権の接続なんかされたって、瑕疵がないのを証明すればいいじゃないか。割販法は消費者をちゃんと守っているし、こっちに何の不利益もないじゃない」

そうではないのだ。もし抗弁権の接続が頻発されれば、カード会社は、請求書を上げているのにお金を回収できないということが月に何件も起こってくる。そうなればカード会社は、証明だの解決だのを待てずに、お客さんとトラブルになる企業とは取引できないという話になる。クレジット契約で商売をしている販売店は、加盟店契約をあちこちのカード会社から解消されたら、経営が立ち行かなくなる。

こういう事態になるということを、政治家も法律家もわかっていないのである。

改正割賦販売法でカード会社も企業も潰れる

クレジットカード会社と企業にとって、さらに痛手なのは、二〇一〇年から施行される改正割賦販売法だ。「特定商取引に関する法律及び割賦販売法の一部を改正する法律」では、「加盟店調査」という以下のような項目がある。

「(クレジット業者は) 消費者等からの加盟店に関する苦情の内容が、特定商取引法に定める禁止行為等に該当するおそれがある場合には、苦情の内容に応じて調査を行う」

つまり分割払いで商品を購入した消費者から販売店にクレームがあれば、その**トラブルについてクレジットカード会社が調査しなくてはならない**のである。

たとえばクレーマーが抗弁権の接続をしたら、なぜそんなことが起こったのか、カード会社が売買契約から何から調べなくてはいけないわけだ。

しかし、**そんなことをしていたらカードの会社の利益は飛んでしまう。**だとしたらカード会社は調査などしなくていいように、販売店にますます圧力をかけるようになる。これまでは抗弁権の接続をされれば、販売店に「早く解決して接続を解いてくれ」と言っていただけだったのが、「お客さんとトラブルを起こすな。何度もトラブルを起こすなら、加盟店契約を打ち切る」と言い出すようになる。

悪質なクレーマーはそこのところを突いて、どんどんクレームを入れ、支払停止の抗弁を行使するだろう。するとカード会社は、経費をかけて調査をしなくてはならず、販売店にいっそう圧力をかけ、販売店は泣きの涙でお金を返すしかない。

結果として今後は、**体力のないクレジットカード会社も、分割払いによる販売がメインになっている企業も、バタバタと倒産することが見込まれる。**

現実に今、小売店では「来月から○○カードは使えなくなります」という貼り紙を見かける。またカード決済が円滑にできなくなると、ネットショップで受注している企業や、健康食品、各種教材、エステ、美容などの企業は壊滅状態になるだろう。

こうした状況を背景に、今、**急速に増えているのが、抗弁権の接続を悪用するクレームストーカー**だ。

たとえば販売店で商品を購入して、担当者にクレームを申し立てる。そして抗弁権の接続をする。販売店を運営する企業は、クレジットカード会社から「早く解決してくれ」と圧力をかけられるから、仕方なく返金を申し出る。

ところが相手は、お金を受け取ろうとしない。目的は何かというと、自分に対応していた担当者だ。「いや、お金のためにやっているんじゃない。誠意を見せてくれ」などと言って、抗弁権の接続を解消しようとしない。「直接会って謝るまで許さない」と言い、担当者との接触を強要するストーカーが全国で出没しているのだ。

これはもうカード会社も企業もどう対応していいかわからず、お手上げになる。

相手はお金を受け取らないから、支払いは停止したままだ。カード会社は損金が出るうえに、調査をしなければならない。企業はカード会社からせっつかれても手立てを打てず、加盟店契約を切られてしまう。また担当者は精神的にヘトヘトになって辞めてしまうか、下手をすればストーカー行為をされて襲われる。さらに相手は、インターネットに企業の実名を出して面白おかしく書き立てる。

こうなればカード会社も苦しいが、企業は打撃どころではない。

相手は実際はストーカーであるのに、消費者としての苦情からはじまっている。恋愛感情は出さないからストーカー規制法に引っかからないし、インターネットに何を書いても個人情報保護法がストーカーを守る。そして割賦販売法があるため、支払いを拒む権利は相手にある。法律はすべて、敵に有利になっているのだ。

割賦販売法の改正は、クレームストーカーにとって小躍りしたくなるほどの朗報に違いない。企業を守る法律はなく、改正法でいよいよ弱みを抱えることになる。抗弁権の接続さえすれば、気に入った担当者がどこまでも意のままになるのだから。

都道府県・市区町村の消費生活センターを回ろう

では企業は、このような由々しい事態を防ぐにはどうしたらいいのか。

重要な鍵を握るのは、次の組織・機関だ。

- **販売店の地域の警察署（および防犯協会）**
- **業界団体**
- **地域の消費生活センター**

地域の警察署は、これまでも再三述べているように、ふだんからコミュニケーションをとっておかなくてはならない。こういうケースでは最終的に相手がどのような手段をとってくるのか予測できず、刑事事件にまで発展する可能性もあるからだ。

地域の警察や防犯協会とコミュニケーションをとるというのは、もちろん単に顔つなぎをするだけではない。

自社のクレームマニュアルをつくって見てもらい、トラブルを防ぐ努力をしているということを提示しておく。また会社や店舗にも来てもらい、業務の内容をガラス張りにして知っておいてもらう。そうして刑事さんや警察官との人間関係をつくっておくのだ。

常日頃から警察との信頼関係があれば、理不尽な抗弁権の接続をされたら、警察官は相手が悪質なクレーマーだとすぐにわかってくれるはずだ。

そうすれば、クレジットカード会社から圧力をかけられたときに「この件に関しては○○警察署の防犯係の○○さんに相談している」と言える。企業にそう言われれば、カード会社も「これは事件化するかもしれない」と判断して、やみくもに「早く解決しろ」とは言えないのである。

それから業界団体の結束も、これからは必要になってくる。

たとえば健康食品やエステ、美容などの業界は、確かに悪質な業者も少なくない。しかも商品やサービスの単価が比較的高く、クレジット契約を利用する消費者が多い。

そのなかで事例にあげたD社のような企業が、改正割賦販売法の施行によって、悪質業者と十把一からげで見られて潰されたら泣いても泣ききれない。

だからこそ業界団体が結束して、隙のないクレーム対応マニュアルを構築すべきなのだ。消費者行政側にも「ここまできちんとしたマニュアルがあるなら、この業界には介入できない」と思わせるくらいの、完璧な契約基準を整備する。これができればあこぎな企業は淘汰され、堅実な企業だけが生き残って、業界を守る手立てにもなるだろう。

とはいえ、業界内の他企業はライバルだからなかなかまとまりにくい。

私は、健康食品、エステ、美容関係の企業からの依頼を受けるたびに、「みんなで団結してはどうですか」と言っているのだが、そう簡単にはいかないようだ。

だが法律が消費者保護を優先し、悪質なクレーマーが激増している今、四の五の言っていられない。クレジット契約で商売をしている各企業は、じわじわと壊滅の危機に瀕しているのだから、一堂に会して対策を打たなくてはならないのである。

あと、企業が絶対にしなくてはいけないのが、消費生活センターへの挨拶回りだ。

では消費生活センターというのは、そもそもどのような機関なのか。

消費者行政のトップに消費者庁があり、外郭団体として国民生活に関する調査研究を行

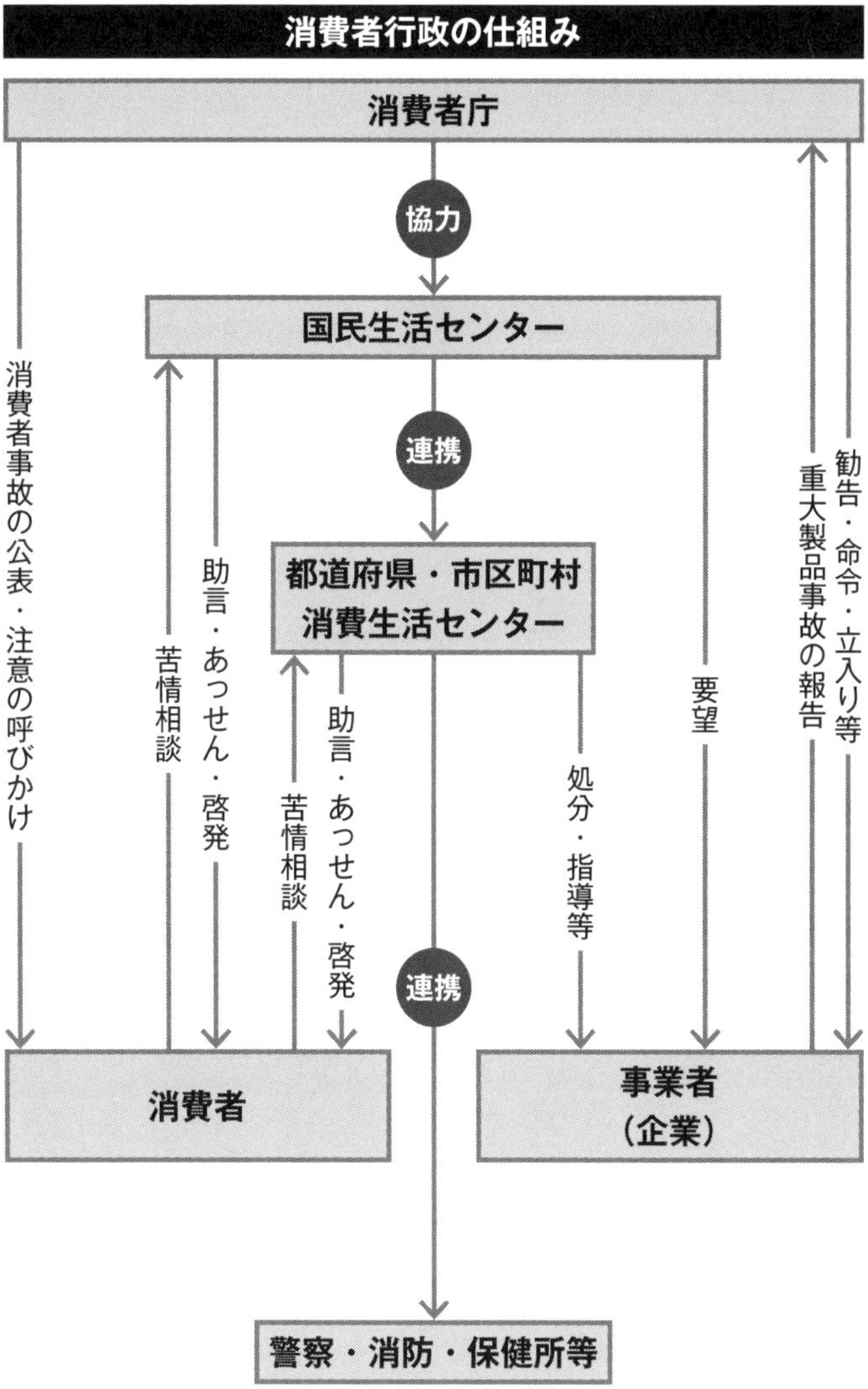
消費者行政の仕組み
消費者庁
協力
国民生活センター
連携
都道府県・市区町村
消費生活センター
連携
消費者
事業者
（企業）
警察・消防・保健所等
消費者事故の公表・注意の呼びかけ
苦情相談
助言・あっせん・啓発
苦情相談
助言・あっせん・啓発
処分・指導等
要望
重大製品事故の報告
勧告・命令・立入り等

う、独立行政法人・国民生活センターがある。さらに各都道府県・市区町村などの自治体が設置している行政機関が消費生活センターだ。呼称は地域によって、消費者センターとか消費者相談室となっている場合もある。

国民生活センターのホームページに掲載されている「消費者行政の仕組みと国民生活センターの役割」を簡略化してまとめたのが前ページの図である。

この図を見てもわかるように、消費生活センターは消費者のいちばん身近な相談窓口として、全国約五八〇カ所に設置されている。

ここでは消費者からの苦情相談を受けるとともに、助言、あっせん、啓発をし、事業者への処分や指導を行う。また警察、消防、保健所、病院などとも連携している。

企業はこの消費生活センターに出向いて、ふだんから契約の正当性をアピールしておかなければならない。

たとえば真面目な健康食品業者が、クレーマーに抗弁権の接続をされて、いきなり消費者生活センターに行ってもとり合ってもらえないだろう。

なぜなら、健康食品業者は不透明な同業者がたくさんあるからだ。そのうえ消費生活センターの相談員は、基本的に消費者の味方である。健康食品業者に限らず、どんな企業も消費者から抗弁権の接続をかけられた時点で、「悪者」とみなされるのは間違いない。

また前述したように、消費生活センターは苦情相談が殺到して電話がつながりにくくなっている。相談員は非常勤の人が多く、地域によっては、相談を受ける人が月に数回しか出勤しない場合もある。そうすると抗弁権の接続をかけられ、説明に行こうとしても、相談員がなかなかつかまらないという事態になる。

だからトラブルが起こらないうちに「うちは正当な契約をしている」ということを、消費生活センターの相談員に知らしめておくべきなのだ。

悪質なクレーマーへの有効な対抗策はこれだ

いったん抗弁権の接続をかけたら、企業は窮地に立たされる。大切なことなので何度も言うが、これはトラブルが起こる前に準備して防御するしかない。

具体的な予防策は、次の三つである。

●第三者委員会を設置して、正当な契約書を作成する

●地域の警察に協力してもらって、防犯研修を実施する
●消費生活センターに行き、契約書の正当性を示す

自社の契約の正当性をアピールするためには、やはり第三者の客観的な意見や視点を反映した契約書をつくらなければいけない。

弁護士、地域の商店会や自治会の責任者、経営コンサルタント、私のようなトラブル解決を受託するプロ、そしてできれば業界団体の幹部。こうしたメンバーで第三者委員会をつくり、顧客と締結する正当な売買契約書を作成するのだ。

そして次に地域の警察に入ってもらって、契約書をちゃんと運用させるための研修会もしくは講習会を開く。

つまり地域の警察に「私たちはこのような契約書をつくりました。つきましては、この契約書をもとに顧客とのトラブルから事件にならないよう、講習をしてもらえませんか？」と依頼するのである。これも、ふだんから地域の警察署と交流していれば、防犯意識の高い企業と見て、快く来てくれるだろう。そうして社長から、役員、社員が参加し、顧問弁護士も出席して、対処の仕方について教えてもらうのだ。

あとは契約書を持って、管轄の都道府県・市区町村の消費生活センターに行く。契約書を相談員に示し、まず「私たちはこのように正当な契約をしています」ということを説明する。また第三者委員会を設置して、契約について検証していること、警察の講習を受けていることもアピールする。さらには企業のパンフレットを持参して、いかに合法的な事業を実施しているかを提示してもいいだろう。

事前にここまでやっておけば、消費生活センターの相談員も「この企業はしっかりしているな」と認識する。たとえクレーマーに抗弁権の接続をかけられても、少なくとも端から悪者扱いされることはないのだ。

また抗弁権の接続をされたら、面識のある刑事さんや警察官に、トラブルの時系列表を提出すること。警察と消費生活センターは連携関係にあるので、そうなれば警察も消費生活センターも「悪いのはどちらか」すぐにわかる。**契約の取消は公的に認められず、抗弁権の接続も早目に解除してくれる**のである。

私は複数の企業で顧問をつとめているが、これまですべてこのようなやり方で悪質なクレーマーを撃退してきた。

私が顧問をしている企業のひとつは、全店舗の所轄の警察署とコミュニケーションをとり、全店舗の市区町村の消費生活センターをコツコツ回っている。顧問弁護士も優秀な実績のある弁護士をつけて、研修会や講習会も頻繁に開催している。

だから、その企業は悪質な顧客に抗弁権の接続をかけられそうになっても、消費生活センターから連絡をしてきてくれる。抗弁権の接続をかけられたとしても、地域の警察が味方になってくれる。さらに刑事裁判までいっても、裁判官もその企業がそれまでにやってきた防犯に対する取り組みを重視してくれるのである。

ところが同業他社のなかには、刑事裁判に持ち込んで顧客と戦う企業も多い。そういうふうに法律で消費者と対抗しようとすると、消費生活センターににらまれて、ますますクレーマーに付け入る隙を与えてしまう。結局、あまりにもトラブルが多いとクレジットカード会社にも見放されて、最後は行政に潰されてしまうのだ。

ほとんどの企業は、消費生活センターを回るという考えがないらしい。むしろ自分たちに対して、処分や指導を言い渡す敵と見ている企業も多いのだろう。

しかし消費生活センターは消費者を保護するための機関ではあるが、立場はあくまで公正中立だ。ここに、ふだんから正当な契約と業務を行っていることをアピールしておけば、対悪質なクレーマーの案件ではちゃんと判断してくれるのである。

地域の警察と消費生活センターをすべて回ろうとしたら、積もり積もって、お金も時間もかかる。だが、そこにお金と時間をかけなければ、これからの時代は生き残れない。

消費者優先の社会では、企業は法律ではクレーマーには勝てない。それこそ地を這うような地道な準備、地域の信頼を勝ち得る対策が大切なのだ。

対策ポイント

ふだんから地域の警察と消費生活センターに契約書契約時の正当性をアピールしておこう

第6章
クレーム対応に費用対効果を期待する企業は潰れる
――アフターサービス会社の悪評から顧客離れが!

アフターサービス会社を分離したら売上減に！

ここまで悪質なクレーマーやストーカーなど、いわゆるハードクレーマーに狙われた企業の事例と、その対策について述べてきた。

このごろは新手の犯罪が増え、予想もしなかった手口で襲いかかられるケースが増えている。どんなに真面目な企業でも、悪だくみを仕掛けてくる悪人のターゲットになればひとたまりもない。対応をひとつ間違えると、利益が下がり、組織が傾きかねないということはおわかりいただけただろう。

いまやクレーム処理を誤れば、大企業でもあっという間に経営危機に陥る。

ところが**企業のなかには、クレームに対する戦略や方針、もっといえば考え方そのものが間違っている会社もかなり多い。**そのため悪質なクレーマーに対抗できないばかりか、まともな苦情までも退けてしまう。当然の帰結として、そういう企業は信用を失い、多くのお客に見放されて、たちまち売上げを落としていく。

ここからは企業側の問題点について述べていこう。

【事例】
顧客が静かに離れていったS社

S社は、業界屈指の大手メーカーだ。しかし、ここ数年は業績が伸び悩んでおり、リストラや各部署の統廃合を断行している。

S社はそうした措置のひとつとして、アフターサービスを取り扱う部署を分離して、独立させることにした。アフターサービス会社は独立採算制にし、その他にも分離独立した部署共々、全系列会社で黒字を目指すべく経営改革を実行したのである。

ところが、この改革は完全に裏目に出た。

S社の製品の売上げは、上向くどころかジリジリと下がっているのだ。なぜ売れないのか、さまざまな角度から原因を探るなかで、インターネットにおいて調査を行ったところ、クレーム処理に対する苦情が多いことがわかった。とくにアフターサービス会社の対応がひどいということが、ネットの調べで判明した。

アフターサービス会社は独立採算制になったため、クレームの内容いかんにかかわらず、見積もりの段階だけで見積もり料金をとっていた。また明らかに欠陥のあった製品でも、杓子定規に料金を請求していた。掲示板などには「Sアフターサービス社の態度は最低！」という大量の書き込みがあり、どれも事実だった。アフターサービス会社の対応は、噂が噂を呼んで、ネット上で広がっていたのである。

今、景気悪化に伴って、本社からアフターサービスを担う部署を分離する企業が増加している。なぜならアフターサービスは、費用対効果が見込めない部門だからだ。

製品を購入した顧客から、たとえば「ここが破損した」とか「こういう欠損があった」という連絡を受けて、修理をしても利益は上がらない。

だから企業はアフターサービスをする部門を切り離し、別会社にして顧客からのクレームや相談、修理までを一括して当たらせているのである。

しかしアフターサービス会社を独立採算制にして、費用対効果を要求するとどういうことが起こるか。

アフターサービスに利益を追求したら、必然的にS社のように、見積もりの段階で料金を請求することになる。欠陥品の修理が可能かどうか、顧客に見積もりを出して、それだけで一万円くらいのお金をとる。そんなことをしていたら、顧客が「S社の製品は二度と買わない」となるのは当然なのだ。

S社のような企業は、何が最もまずいかというと、アフターサービス会社に修理とクレーム問題の処理という、まったく別次元の対応を一緒にやらせていることだ。しかも系列会社として、利益を上げることを課している。**もともと費用対効果が算出できないクレーム処理や修理に、利益を期待すること自体が間違い**なのである。

これでは、まっとうな苦情と悪質なクレームをきちんと判別して対処することもできないし、それによって大切な顧客が離れていくだろう。

クレーム対策を切り捨てるのは企業の逃げだ

インターネットの情報伝達力はすさまじく、口コミの威力はおそろしいほどだ。

明らかな欠陥品なのに、見積もり料金をとられたら、普通の人は呆れて静かに離れていく。悪質なクレーマーではない限り、そんな企業とゴタゴタもめたくないからだ。

そのなかにはネットのブログや掲示板などで、「欠陥品の修理を依頼して見積もり料金をとられた事実」を書く人もいるだろう。あるいは親、兄弟、友だち、親戚まで、その企業のひどい対応を話す人もたくさんいるはずだ。

そうなったら情報はあっという間に広がる。これだけ情報通信機器が発達している時代、多くの人に「あの企業のひどい対応」がインプットされる。そして製品を買う場合、何社もの製品が並んでいたら「ここはやめておこう」となるのだ。

一方、製品の欠陥を伝えると、すぐに快く対応してくれる企業もある。たとえば製品を買って欠損が見つかったときには、迅速に交換してくれる。欠陥の内容によっては、返品を認め、買いとってくれる企業もある。

この違いは何かというと、**要は経営姿勢の差**である。クレーム対応を重視しているかいないか、何が売上げを左右するのかわかっているかいないかの違いなのだ。

クレーム対応をする部署を確立させて権限をもたせている企業は、そこに費用対効果など期待はしない。だから、その部署では利益など気にせず、悪質なクレーマーにはしっかり対抗し、ちゃんとした顧客の苦情は受け入れる。そういうメーカーの製品をまた買おうと思うのは、顧客の当然の心理だ。

ところが、わかっていない企業はアフターサービス部門を切り捨てて、経営改革をしたつもりでいる。採算がとれないクレーム対応を、外注して派遣会社に丸投げしている企業も多い。

だが、利益を要求されるアフターサービス会社に丁寧な顧客対応ができるわけがない。コールセンターのオペレーターに、個別の対処の判断ができるわけもない。

またアフターサービス部門を別会社にしたり、外部に委託したりすると、親会社はクレーム対応の現場がどうなっているかわからない。そうやって顧客が離れていくのも見えないまま、結局のところ売上げが下がっていくのだ。

膨大な数の企業のトラブルを解決してきた立場から言わせてもらえば、目先の費用対効果にとらわれて、**独立採算制のアフターサービス会社を設立するなど、愚策としか言いようがない。**

なぜ企業がそういう愚を行うかというと、要するに株主、税理士、会計士、あるいはマスコミにアピールしたいからだ。この不況下に、どこの企業も利益の向上が大命題になっている。全部署が黒字になるような経営をしないと、株主から批判の声があがる。税理士からは、無駄な部署の削減を指摘される。そこで利潤追求ができないクレーム対応部門を分離して「こんなに企業努力をしています」と表明したいのだ。

だから株主や税理士が満足するような経営システムに改変して、利益が見込めないクレーム対応の予算をどんどん削ろうとするのである。

しかし、それは経営者の責任逃れに他ならない。株主や税理士の糾弾をおそれ、自分の身を守っても、肝心の顧客が離れてしまっては話にならない。そこは腹をくって責任をもって、顧客をつなぎ止め、増やすシステムをつくるべきなのだ。

現在、しっかりとしたクレーム対応をしている企業は、過去にクレームトラブルで痛い目に遭った企業か、経営者がオーナーの企業だけだ。

クレームトラブルで経営が危機に瀕したことがある企業は、身に染みてクレーム対応の大切さがわかっている。また創業者の直系親族が経営者の、いい意味でのワンマン会社は、社長の一声でクレーム対応の部署を設置できる。そのように経営者の意識が反映されている企業は、たいがい売上げを伸ばしている。結果が顕著に出ているのである。

中小企業から大企業まで、サラリーマン社長は株主に楯突くことができないのはわからないでもない。けれども政権が交代し、いろいろな消費者法の改正も予想されるなか、これからはますます顧客対応が重要になる。

費用対効果があらわれなくとも、**必要な部署にどれだけ予算を投入できるかが、経営の成否の分かれ目になるのは間違いない**だろう。

クレーム対応を人事評価の対象から外すべし

私が、クレームトラブルに見舞われた企業でいつもお話しするのは、人事評価の見直しをしましょう、ということだ。

クレームの多い企業は例外なく、トラブルに関与した社員に何らかの処罰を加える。

たとえばクレームストーカーに狙われた社員にずっと対応をさせて、トラブルが長引けば処分したりする。「おまえがうまく対応しないから面倒なことになったんだ」というわけだ。あるいはクレーム対応を行う社員は、往々にして評価が低い。

それもまた費用対効果だけで見ているから、クレーム対応をする社員イコール評価ゼロの社員ということになるのだろう。

繰り返すが、クレーム対応は費用対効果が直接あらわれないものだ。

悪質なクレーマーはいつ、どこからやって来るかわからない。予測できないものに、目標など立てられない。恐るべきクレームストーカーに狙われた社員は不運でしかないし、クレームストーカーに対して同じ社員に対応させた企業に問題があるとも言える。

クレーム対応は利益が計算できず、また時間の損失が大きいからといって、人事評価を下げたら、クレームにしっかり対応できる人間はいなくなる。クレームに適切な対応ができなければ、最終的には利益に影響がおよぶのだ。

大企業や中規模の企業ではよく、能力があるとみなした社員を企画や営業に回し、能力が低いと見られる社員にクレーム対応をやらせている。

そうすると、どうなるか。クレーム対応をする社員は、おざなりに処理をしても給料はもらえる。売上げが落ちても、営業部や経理部ではないから誰も気にしない。それよりもトラブルが大きくなって裁判にでもなったら、自分の評価が下がるから、問題を隠蔽する者も出てくる。隠すと解決しないため、トラブルは山積していく。そうして負のスパイラルに陥って、売上げが激減するのである。

だからクレームトラブルで困っている企業が、まずしなければならないのは、

●クレーム対応業務を人事評価から除外する
●クレーム対応の専門部署またはチームをつくる

ということだ。チームの責任者には、できれば経営の知識があり、人事評価の心配をし

なくていい役員か、もしくは管理職を抜擢したほうがいい。欧米の企業のように、役員が率先して、費用対効果と関係のない専門チームをつくらなければ、ややこしいクレームに対応しきれない時代になっているからだ。

それと、クレーム対応の担当者には、**「法律だけを盾に戦ってはいけない」という意識を浸透させる**ことも大切である。

ある企業が、これからはクレーム対応が重要だとわかり、優秀な社員を配置したとする。そういう社員はえてして、法律を勉強してすべてのクレームを門前払いにしてしまう。トラブルの種を片っ端から排除すればするほど、自分の評価が上がると考えるからだ。だけど、すべてのクレームに対して法律を盾に退けようとすると、正当な苦情もこじらせて裁判沙汰になる可能性がある。そのようなケースで裁判になって勝っても、一人の顧客を失うばかりでなく恨みを買う結果になりかねないのである。

顧客からのクレームに対応するに当たって、企業の方々にぜひ覚えておいていただきたいのは、**普通の顧客を相手に裁判をすると、確実に売上げが減る**ということだ。

悪質なクレーマーや組織犯罪関係者は、法律の矛盾をたくみに突いてクレームを入れてくる。しかし、相手が普通の顧客だったら、買った製品に本当にキズがついていたというようなケースでは、裁判になると、その顧客がキズがついていたことを証明しなくてはいけない。日本の法律では、原告に立証責任があるからだ。

つまり悪質なクレーマーではないお客さんが「キズがついていました」と言っても、法的には企業の「あなたがつけたんでしょう?」という言い分が通る。そして企業が法律を盾にとって、訴訟になったら企業が百パーセント勝つ。キズがついていた証拠などなかなか見つからないし、本気で証明しようとしたら高額の費用がかかるからだ。

だから、クレームを入れられたら何でもかんでも裁判に持ち込む企業が増えている。悪質で手強いクレーマーのたくらみでなければ、確実に勝てるからである。

しかし本当に製品にキズがついていたときに、対応した社員が「あなたがつけたんでしょう?」と言えば、お客さんは「なんて卑怯な会社」と感じるだろう。まして「どうぞ訴訟の申し立てをしてください」と言って、企業が裁判で勝ったらどうなるか。

法律以外のところで、絶対に逆襲されるのである。

実際に相手が逆上して、社屋や店舗に放火されるという事件も起きている。しかしながら、**もっと恐ろしいのは、その企業の製品は二度と買わないという逆襲**だ。それこそ当のお客さんの周囲の人はみんな、その企業の製品を避けるようになる。かくして訴訟の多い企業は、間違いなく利益が下がるのだ。

経営と営業のスペシャリストを専門部署に配置する

クレーム対応の根幹は、クレーマーも含めて「お客さんはお客さん」ということだ。悪質なクレーマーやクレームストーカーが攻撃してきて、会社の存続さえ揺らぐというときは、毅然として立ち向かわなければならない。

だが、その前に**クレーマーだろうが、ストーカーだろうが、暴力団員だろうが、お客さんであることは違いないという大前提**がある。この点は絶対に押えておかなければいけないのだ。

相手がみんなお客さんと考えれば、クレーム対応はおのずと法的手段をとることが選択肢の第一位にはならない。順番としては、まずは法律を介さない手段を講じて、それでもだめなら訴訟に踏み切るという手立てを打つべきなのだ。

大企業でもそこをちゃんと理解している企業は、訴訟にならないように鉄壁の備えをしている。あらゆるクレームを想定して、もし製品に不具合があったら、素早く公表して手を打っている。そして、ささいなクレームでも製品に不備があるとわかれば、短期間のうちに無料で修理、または交換している。

ところが、かたや経営者に見識がない企業は、独立採算制のアフターサービス会社を設立したり、コールセンターにクレーム対応を任せっきりにする。そうしてクレームが入ったら大手法律事務所の顧問弁護士を立てて、全面戦争なんてことをしているのだ。

法律至上主義でいったら、全部のクレームが門前払いになる。

すべてのクレームを門前払いにしたら、悪質なクレーマーもちゃんとした顧客もみんなを敵に回す。そうなれば戦いに膨大な費用と時間を注ぎ込まなければならなくなり、最後は売上げも落ちる。何もいいことはないのだ。

悪質なクレーマーも含めて、すべてのクレームを最初はお客さんの声として対応するには、やはり専門の部署をつくることが不可欠だ。

たとえば各企業では、法務部または法務室といった、法律関係を扱うセクションを置く会社も多いだろう。法務部では、契約問題から損害賠償、労組問題、商法や証券取引の案件まで、法律にまつわるさまざまな問題の調査、解決を担っているはずだ。

この法務部でクレーム対応を強化する、あるいは法務部内にB to C（企業対顧客）の案件に特化したチームをつくってもいいかもしれない。いずれにせよ企業の規模や業態によって、適合する専門部署を設置することだ。その際のポイントは三つ。

●各部署から寄せられたクレームに対処する仕組みをつくる
●責任者は、経営や営業の現場を知る者をあてる
●本社や店舗など、それぞれの地域に適した対策を立てる

専門部署をつくったら、営業部や各支店、各店舗に寄せられるクレームを吸い上げるシステムを構築すること。たとえば各店舗でのクレームが小さいうちはアドバイスし、トラブルが大きくなったら直接、専門部署が対応するなどの仕組みをつくる。外注のコールセンターでクレームに対応しているなら、オペレーターに詳細な指示をして、こういうケースは随時連絡させるというマニュアルを用意しておく必要もあるだろう。

それから専門部署の責任者には、先に述べたように、人事評価の対象にならない役員や管理職を選ぶべきだ。いちばんだめなのは、経営原理も営業の現場もわかっていない、法律に詳しいだけの人間を置くことだ。クレームがいかに経営や営業に直結しているか、きちんと理解している営業部長経験者などが理想といえるだろう。

あと大切なのは、顧問弁護士はむろん、地域の警察、自治会、商工会の人にブレーンになってもらい、地域に見合った対策を打ち立てることである。

全国共通のクレーム対策などは存在しない。クレーム問題というのは、地域性と密接なつながりがある。東京の企業と、関西の企業と、東北の企業とでは、顧客からのクレームの質も対処の仕方も異なる。だから私が顧問をしている企業の会議には、警察や商工会の方々にも参加してもらっているのである。

苦情と悪質なクレームを見分ける三つのポイント

さて、クレーム対応の専門部署をつくったあと、実際のクレーム対応における基本事項についても述べておきたい。

クレーム対応は費用対効果が算出できないと言ったが、**「このクレームの案件でどれくらいの費用がかかるか」ということは計算しておく必要がある。**

まず社員の時給の概算。私が関わっている複数の企業の場合、厚生年金からいろいろな福利厚生まで含めると、社員一人の時給は平均で一万五千円ほどになる。そこに会社の売上げを当てはめると、一人の社員がクレーマーに五時間くらい対応すると赤字になる。飲食店や小売店なら、一、二時間も拘束されれば大損だろう。

よって何時間クレーム対応をすると、どれだけ損害があるのか、それぞれの企業は基準を設けておいたほうがいい。

たとえば毎日一時間、電話で対応していたら、六日目には止める手立てをとらなくてはいけない。クレーマーもお客さんはお客さんという原則に立って、五時間まではちゃんと話を聞く。しかし五時間を超えたら、シャットアウトする方向に転じるべきなのだ。

私の営業マン時代の経験では、丁寧に対応すれば短時間ですむ例も多い。

かなり食い下がってくるタイプの人が相手でも、

「お客さまの気持ちもよくわかります。でも、こちらも弁護士にも相談して責任はないと考えています。お客さまがどうしても納得がいかないのであれば、営業時間外にもういちどゆっくり話し合いませんか?」

こう言えば、たいていの人はわかってくれる。「あなたのおっしゃっていることもわかります」と、ひと言加えるだけでも、ずいぶん相手の態度は変わるのだ。

丁寧にすみやかに対応すれば、八割のクレームはこじれることはない。

私が営業マンのときは、暴力団関係者と思われる人でも、最後は「わかったよ。こっちも言いたいことを言ったし、あんたもよくやってくれたから、これで勘弁してやるよ。また、あんたのところの製品使うよ」と言ってくれたケースがあった。かなり手強いクレーマーでも、心が通じ合ったらすんなり解決する場合もあるのだ。

あとは苦情と悪質なクレームの見極め方だが、これは三つのポイントがある。

●支払った代金を超える額のお金を要求する
●拘束されている時間に見合わない額のお金を要求する
●正当な接客や販売をしているのに、明らかな言いがかりをつける

この三つのいずれか、あるいは全部が当てはまるとしたら悪質なクレーマーかストーカーと見ていい。その場合は調査をして、防御対策を練ったほうがいいだろう。

とにかく現代社会では、クレーム対応は企業の経営戦略のコアと言っても言いすぎではない。インターネットなどの情報網が発達しているこの時代、顧客からのクレームをおざなりにしている企業は、悪評が口コミで伝わって淘汰されていくはずだ。

だからこそクレーム対応の専門部署が必要なのである。

クレーム対応の仕事は、決して閑職などではないし、法律だけ詳しい人や、人当たりがいいだけの人に任せていいものではない。警察、地域の行政、住民をつなぐことのできる、いわば人間関係のプロフェッショナルでなければできない仕事だ。

企業の経営者の方々は、業績向上の重要課題は何なのか、よく考えていただきたい。

対策ポイント

クレーム対応に費用対効果は期待してはいけないことを認識せよ

第7章

地域住民の理解と共感なくして店舗の存続あらず

——騒音裁判で地域住民に勝つとどうなるか?

騒音クレームの対応で店長が次々と体調を崩す！

これだけクレーマーが増えているにも関わらず、危機意識のない企業がたくさんある。そうした意識の低さをあらわしているのが、地域に根ざした営業や商売をしようとしない姿勢である。

たとえば本社が東京や大阪などの大都市にあり、支社や支店を各地に擁している企業は数多い。それらの店舗では、地元に密着することがトラブル回避の有効な手立てとなる。ところが地域を無視して、我が道を行く企業が目立つ。これも企業サイドの問題で、クレームトラブルが頻発する大きな要因になっているのである。

【事例】

騒音クレームに翻弄されるP社

P社は、関東から関西あたりまで店舗を広げている流通業者である。業界でも指折りの売上げを上げており、集客力もかなり高い。

しかし営業時間が長く、夜九時まで店を開けているため、近所の住民から騒音や来店するお客さんのマナーについてクレームが絶えない。郊外の店舗などでは、お客さんの車の音がうるさく、また閉店してからも若者が店の前で騒いでいたりするからだ。

あるとき関東東部の店舗に、近くに住む男性が飛び込んできた。

「うるさくて寝られやしない！　不眠症になって病院通いだ！　どうしてくれる！」

男性は眠れないため、抑うつ症状もあらわれているという。「おまえらのせいだ！」と店内で大声で叫ぶので、この日は別室に通して店長が話を聞いた。

ところが、この男性はほとんど毎日のようにやって来て、二時間、三時間と怒鳴り続けるので仕事にならない。そんな状態が一カ月ほど続き、とうとう店長は心労がたまって、長期休養をとる羽目になった。

後任の店長と店員たちは、どう対応すべきか話し合った。だが良い策が見つからない。地元の住民と交流もないので、男性がどういう人なのかわからない。ただ近所の人だということだけはわかっているので、警察を呼ぶのもはばかられる。たとえ警察を呼んでも、逮捕でもされない限り、男性は毎日やって来るだろう。

思いあぐねた店長は、本社の顧問弁護士に電話をしてみた。弁護士は「法的手段をとれる」と言う。だが近所の人と裁判で争うなんて、商売に支障が出るのではないかと思う。

対応がわからず、後任の店長もだんだん体調が悪くなってきた。

いまや日本全国どこへ行っても、駅前商店街には同様の店舗が並んでいる。コンビニ、ファストフード、コーヒーショップ、居酒屋などの飲食店から、都市銀、地銀、信金の支店、カラオケ店、学習塾、携帯ショップなど、見知った店の看板がたくさんある。

また駅から離れた道路沿いの住宅地と隣接する地域には、大型電気店、生活用品店、衣料店、スーパー、パチンコ店、自動車用品店、ドラッグストア、ファミレスなどがあちこちに点在している。

こうした店舗のなかには、地元商店会や近隣の住民と反目し合っている店が少なくない。騒音やゴミの問題から、休日に来店するお客の車による交通渋滞など、近所からさまざまなクレームが寄せられている。

ところが**近所からのクレームを無視したり、法的手段に出て、地元の声を押さえ付けようとする店もめずらしくはない**。とくにP社のように、集客力の高い店は強気だ。「うちは地域に多大な経済効果をもたらしているのだから、文句を言うな」というわけだ。

しかし地域の住民を敵に回すと、どういうことになるか。

Ｐ社にやって来る男性のごとく、近所に住む人がクレーマーになってしまう。または地元商店街の人々が結束して、店に嫌がらせをする例もよく見受けられる。もともとは善良な市民だった人たちが、店舗を潰しにかかる行動に出るのだ。

これは、はっきり言って店舗を運営する企業に責任がある。

どんな業種のどんな店舗であれ、地域と共生しなければ商売は成り立たない。ふだんから近隣の人々とコミュニケーションをとるのはもちろん、クレームはきちんと受け止めて改善していく。それができなければ、地域一帯での商売や営業は先細りになる。結果的に、その地域の店舗の長期存続はかなわなくなるのである。

相手が振り上げたこぶしの落としどころを探す

都市周辺では夜遅くまで営業している店が増え、騒音クレームを入れられる店は多い。まず店舗が出す騒音に対するクレーム対応について考えてみよう。

法律では「受忍限度を超える音には損害賠償請求ができる」とされている。

「ここまでならガマンできるが、これ以上はガマンできない」という受忍限度はどうやって決めるかというと、専門家による音の計測が必要になる。ただし、この音の計測を行うときには、騒音の被害を訴えている側と、訴えられている側と、双方合意のもと計測しなければ証拠にはなりにくい。

また判例では、暗騒音プラス二〇デシベルで騒音と認められている。

暗騒音というのは、店の騒音が聴こえない時間帯に、自然と周辺の環境からザワザワと聞こえる音のこと。たとえば店の営業時間外にも、道路を走る車の音や、人の話す声、いろいろな生活音は聴こえてくる。だから営業時間内にそのような暗騒音に加えて二〇デシベルの音が聴こえれば、それは店の騒音になるわけだ。

つまり店舗側からすれば、P社の顧問弁護士が言うように、法的手段で争うことができないわけではないのである。

音の計測をする専門家を呼んできて、相手の男性の立ち合いのもと音を測る。それで「受忍限度内です」とか「暗騒音プラス二〇デシベル以下です」となれば、店舗にとって有利な法的証拠になる。裁判になったら、勝つ可能性は高いということになる。

ただし実際は、音の大きさだけで判決が下されるわけではない。

P社の事例では、男性は「不眠症になって、抑うつ症状があらわれている」と主張している。男性が、医者の診断書を提出すれば、裁判所は精神的なダメージを受けていると認めるだろう。そうなければ診断書は、企業側に不利な証拠となる。

そもそも音の感じ方は、個人差が大きいものだ。受忍限度というのも法的な基準はなく、専門家による計測も裁判の参考にしかならない。ということは、**騒音トラブルは法律ですっきり勝ち負けがつく案件ではない**のだ。

だから結論から言えば、**騒音トラブルについては、地域の住民と裁判で戦うのはお勧めできない。**

相手が近所の人であれ、お金目的のクレーマーならもちろん弁護士を立てて徹底的に争わなければいけない。しかし普通の住民が腹に据えかねて、クレーマーまがいの執拗な抗議をしているとしたら、とことん話し合うことだ。

たとえば近所の人から「音がうるさい」とクレームを入れられたら、まずは相手の話に耳を傾ける。ただし聞く一方で譲歩するだけではなく、「音の基準は超えていないはずですよ」と法的な証拠もちらちらっと出す。そうやって話し合いをしながら、相手が振り上げたこぶしの落としどころを見つけていくのである。

「相手のこぶしの落としどころを探せ」というのは、警察の人がよく言うことだ。

刑事さんはみんな、口を揃えて「相手を追いつめてはいけない」と言う。企業のトラブルでも個人のケンカでも、たとえ「自分は悪くない、悪いのはむこうだ」と思っていても、相手を壁際までギュウギュウ追いつめたら終わり。刑事さんたちは、そこが「刑事事件が起こるか起こらないかの分岐点になる」と言うのだ。

地域の住民を相手どって裁判など起こせば、証拠をあげて勝てるかもしれない。だが仮に**裁判で勝っても、今度は法律以外の逆襲をされる。**ことに騒音でノイローゼ寸前になっている人だったら、放火、殺人にまで発展する危険性もあるのだ。

現実に全国で、あちこちの店舗の放火事件が多発している。

ボヤですんでいる事件は報道されないが、その多くはもともとが近隣の店舗や住民とのトラブルが原因だ。

たとえば騒音問題から交通渋滞、その店のお客の路上駐車の問題など。地域の人々がいくら掛け合っても、店側は聞く耳をもたない。「訴えるなら訴えてみろ」という態度をとる。

そして法律を全面に出して、裁判でガンガン戦う。そうすると裁判で負けたほうは、手段を選ばずリベンジしてくる。裁判まではいかなくても、近隣の声を無視し続けたあげく、違法な行為で反撃されている店舗はかなり多いのだ。

地域にそぐわない全社統一の会計制度を見直そう

企業のクレーム対応におけるキーワードのひとつは「地域との共生」である。地域の住民、警察、防犯協会、商店会、商工会、自治会、消費生活センター。地域の行政、民間に関わる人たちとコミュニケーションのとれていない店舗は、悪質なクレーマーやクレームストーカーの標的になりやすい。それればかりか地域の善良な人々が、店舗にとって手強いクレーマーになってしまう。

そうした店舗をもつ企業は、地域に味方がいないから、法律に頼るしか手がない。**法律しか解決の手段をもたなければ、結局はその地域にいられなくなる。**

評判を落として客足が遠のいたり、地主やテナントビルのオーナーから所有区画の契約更新をしてもらえなくなる。そのような悪い評判は他の地域にも伝わって、新規店舗を広げることも難しくなるのだ。

騒音クレームなどの近隣とのトラブルを防ぐには、方法はただひとつ。地域の警察、住民、団体、機関と仲良くしておくことだ。

地域と交流しておけば、騒音クレームが入っても必ず誰かが間に入って助けてくれる。相手が感情的になっているときは、警察が助言してくれる。そうすればトラブルが大きくなったり、法的手段をとって、刑事事件にまで発展するような事態には至らずにすむのだ。

そのためには、店舗はふだんから何をすべきか。

●地域の清掃運動や奉仕活動に参加する
●商店会などの協賛金はきちんと出す

古い商店街に新店舗を出しても、地域と関わろうとしない企業が多い。とくに大手企業の店舗などは、いろいろな催事やイベントにも名前を出すだけで、積極的に動こうとしない。商店会の割引きサービスにも参加せず、協賛金も出し惜しみしたりする。

それは結局、全社統一の会計制度があるからだ。

全店舗、同じ経理システムだから、ボランティア活動などの支出を計上できない。あるいは騒音問題でも、その店舗は営業時間を短縮するといった措置がとれない。それぞれの地域で柔軟な対応ができず、だから地元の人々と密着できないのだ。

多くの店舗を有する企業にとって、**クレーム対策として最もコストパフォーマンスの高いのは、実は地域との共生**である。

清掃活動や奉仕活動の参加費、協賛金の供出などは、それほど費用はかからない。いくつもの店舗で裁判を起こすことを思えば、はるかに経費節減になる。

店舗ごとに会計や営業時間を変更するのは、確かに面倒かもしれない。しかし、そこは経営者が頭を切り替えて、地域性を考慮したシステムをつくるべきだ。それができれば、クレームトラブルを入り口で食い止めることが可能になるのである。

逆に言えば、地域と共存できない店舗は、これからは生き残れないだろう。

対策ポイント

クレームトラブルで地域の住民を相手に法的手段をとってはいけない

第8章
ブランドの価値を大事にしない企業に明日はない

——商標を使用する企業の倒産でクレーム続出！

ネットショップサイトはただの場所貸し業者か？

消費者が商品を選別するときに、ひとつの基準になるのが商標だ。

私たちは、商標すなわちブランドを見て「この会社のものなら」と納得してものを買う。ブランドというのは、かくも企業にとってかけがえのない財産といえるだろう。

ところがブランドを信じて買ってくれた顧客からのクレームを、まともな対応もせずに切り捨てる企業は案外と多い。

それは顧客の信頼を裏切る行為に他ならない。クレーム対応を見誤って、せっかく築き上げてきたブランドの価値を自らの手でおとしめているのである。

【事例】

ネットショップサイトに苦情が殺到したH社

H社はインターネットショッピングサイトを経営する企業である。

数あるネットショップサイトのなかでもアクセス数が比較的多く、ネットショップ利用者の間で知名度も上がってきた。

ところが、あるとき苦情のメールが山のように送られてきた。サイトに出店しているR社の商品購入を申し込み、銀行口座に入金したのに商品が届かないというのだ。

H社は、すぐさま調査に着手したところ、R社の被害者の数は相当数にのぼっていた。間もなくH社のもとには「H社のサイトを信用してR社の商品を購入したのだから、H社にも責任があるだろう！　弁償しろ！」という苦情が届き出した。

しかしH社は、そうした苦情をはねつけた。

ネットショップサイトの規定には「H社はネットショップサイトの場を店舗と顧客に提供しているだけで、売買のトラブルはいっさい関知しない」という旨の文言が明記してある。H社の幹部は、顧問弁護士にも確認したうえで、被害者全員に「当社に法的責任はない」という内容の通知をした。

するとネットの掲示板やブログには、批判が次々と書き込まれるようになった。H社の対応に対し、被害者たちの「あまりに無責任だ！」という怒りが噴出したのだ。

H社の幹部は、大量の書き込みに焦りを感じた。このままではサイトは潰れる！　前言を撤回して、やはり代物弁済をすべきかという判断にせまられた。

ネットショップサイトの利用者は年々増えているが、こうした問題は頻繁に起きている。

R社のような悪徳業者は、サイトに出店して最初のうちはちゃんと商品を届ける。そうして実績と信用をつくっておいて、ある程度の額が入金されたところでドロン。まんまと騙されたという意味では、H社も被害者と言えなくもないわけだ。

とはいえ、H社の対応のまずさに弁解の余地はない。

これは**顧客の正当なクレームに、間違った対応をした典型例**だ。しかも期せずして自社のブランドを否定し、顧客の信頼を反故にしてしまったのである。

そもそも顧客がなぜネットショップサイトを利用するかというと、自宅にいながら手軽に買い物ができるからだ。では、どうしてH社のサイトを訪問して買い物をしようとしたかといえば、知名度が上がってきたH社のサイトなら安心だろうと判断したからだ。

ネットショップは利便性が高いかわりに、いろいろなリスクもある。諸々のリスクを回避するために、顧客はH社というブランドを選んだのだ。

ところがH社が「われわれはネットショップサイトの場を店舗と顧客に提供しているだけ」というのは、「うちはただの場所貸し業者だ」と言っているのと同じことだ。

ただの場所貸し業者ということなら、H社にはネットショップサイトとしての付加価値、つまりブランドがないということになる。だとしたらH社は、有象無象の怪しげなネットショップサイトと変わりはないのである。

H社が、自分で「うちは付加価値なんかない」と宣言したら、企業の存在価値がなくなる。顧客にしてみれば、H社を信頼してH社のサイトを利用しているのである。なのに「うちは場所を貸しているだけだから、出店している業者の与信調査は自分でやってください。どんな悪徳業者にお金を騙しとられても、うちは関係ありません」と言われたら、そもそもH社という企業自体がいらない、ということなのだ。

H社の対応で最悪なのは、**法律を前面に出して、顧客に反論の機会すら与えなかったことである。**

規約に「売買のトラブルはいっさい関知しない」と明記してある以上、H社の言い分は法律上は正しい。正しいが、そうやって法律を断片でとらえて顧客のクレームをシャットアウトする企業は、ネットの書き込みといった形で必ず反撃されるのだ。

顧客からのクレームの対応で法律を示すときに、絶対にやってはいけないのは、断片的に法律を提示することだ。法の一部を切りとって「契約書のここにこう書いてある」という言い方をしてしまうと、顧客に何も言わせないというのに等しい。確かに契約書には書いてある。であれば、契約書に基づいてどうすれば顧客も自社もうまく痛み分けができるのか、いちばんいい着地点を探っていかなければならないのである。

こういうケースでは、責任をもって代物弁済をするしか解決の方法はないだろう。

FC企業が倒産しても本部に法的責任はない？

ネットショップサイトのような、自社の商標すなわちブランドを出店企業に供与する会社は、リスクマネジメントをしないと一発倒産の危機はまぬかれない。企業のブランド価値が高ければ高いほど、それを利用しようとする悪人が増えるからだ。

そういう意味では、ＦＣ（フランチャイズ）企業を傘下にもっている企業も注意が必要だ。顧客の目から見れば、ＦＣはイコール本部の企業。ＦＣ企業のトラブルは「うちとは関係ない」という言い訳は、顧客には通らないのである。

【事例】

FC企業の倒産で信用ガタ落ちのM社

M社は、全国に展開している教育事業の老舗企業である。販売している多様な教育商品は人気があり、顧客からの信頼も高い。

ところが、M社のFC企業のひとつであるL社の社長がトラブルに巻き込まれて倒産してしまった。L社は、教育関連のサービスを契約した顧客に提供する企業だ。

L社の顧客は、L社が突然倒産したため、M社にクレームを入れてきた。

「L社と契約したサービスは、まったく効果が上がらなかった。こんなに能力が上がりますと言っていたのに嘘だった。騙された、お金を返してくれ」と言うのである。

クレーム対応の部署の社員は、どう対処すべきか顧問弁護士に相談した。弁護士は「それはあくまでL社とお客さんの契約だから、M社には法的責任はない」と言う。

M社は、弁護士の言を受け入れて、クレームを入れてきた顧客に「L社の破産管財人と話してください」と伝えた。

FC企業の倒産によって、本部に大量のクレームが寄せられるのはよくある話だ。

これも多くの本部の企業は、ＦＣ企業が倒産したら契約は失効するとして、顧客を平然と見捨てている。ＦＣである企業がなくなったら、ＦＣ契約自体が無効になるし、ＦＣ企業と顧客の契約も当社は関係ない、というわけだ。

これもまた本部の企業の言い分は、法的には間違っていない。しかし、そう言われた顧客はどう思うか。ほとんどの人は納得できるわけがないだろう。

Ｌ社の顧客はなぜ、Ｌ社と契約を結んだのか。

それはＬ社がＭ社のＦＣ企業だからだ。どこでもいいという人は、Ｌ社より値段の安い教育サービス業者を選ぶだろう。値段が高くてもその人がＬ社と契約したということは、Ｍ社のブランドを選んだのだ。

Ｌ社はＭ社の看板を掲げていたのだから、顧客はＭ社と契約したと思っている。法律がどうとかは関係ない。それが顧客の心理だ。ＦＣ企業が倒産したときに「法的責任はない」と主張するのなら、はじめからＦＣという経営体系にするべきではない。**自社ブランドを信用してくれた顧客への道義的責任をとることを、最初から放棄している**からだ。

Ｍ社のようなＦＣ企業をもつ会社はどこも、商標価値を上げるために、莫大な広告宣伝費を費やしている。顧客は宣伝を見て、その会社を信じて商品を買う。なのに顧客の信頼を裏切ったら、広告宣伝費はドブに捨てたようなものだ。

信頼していた企業に突き放された顧客は、家族、親戚、末縁をたどって「あの会社のものは買うな」と言うだろう。損して得をとれ、という言葉がある。倒産したFC企業へのクレームを切り捨てる企業は、損して損をとっているのである。

弁護士の言う通りにすると会社は倒産する！

私が個人の案件で関わった地方の有名デパートは、テナントの店舗へのクレーム対応を大きく誤ったことがある。そのデパートは現在、経営がガタガタになっている。

たとえば有名デパートのテナントの商品を買って、ひどい欠陥が見つかったとしよう。ところが、その商品の製造販売企業が倒産してしまった。そこで有名デパートに相談し「うちは場所を貸していただけだから、その会社の破産管財人と交渉してください」と言われたら、誰だって「あのデパートには二度と行かない」と思うだろう。

自社ブランドを供与して契約料をとり、契約した企業がトラブルを起こしても「あとは知らない、お客さんが勝手にやってください」という企業はめずらしくない。

繰り返すが、「勝手にやってください」というのは、法的には決して間違っていない。間違ってはいないけれど、それをやったら企業の存在価値はなくなってしまうのだ。

商標価値で商売をしている企業が、クレーム対応で重大な間違いをするのは、顧問弁護士の責任もあるといえる。

弁護士の仕事は、法律を武器に戦うことだ。だが多くの企業の案件に関わる私から言わせてもらえば「法律の勉強をするより、世間の勉強をしてください」と言いたくなる顧問弁護士がたくさんいる。それぞれにドロドロした感情をもった人間がいて世の中が成り立っていることを、本質的なところでわかっていない弁護士が多いのだ。

彼らは法律を盾にして、顧問企業がいかに損をしないかということしか考えていない。だから顧客の心情に配慮せず、法を断片的に出してくる。**お客さんあっての企業という発想がなく、ひたすら近視眼的に法で勝とうとする。**

そうした弁護士の対応は、さすがに企業の人もおかしいと感じるらしく、私のもとには「うちの顧問弁護士はこう言うんですけど、まずいですよね」という相談が毎日のように来る。消費生活センターや警察の人々も「おたくの会社を信用してくれたお客さんに、契約書に書いてあるからといって、とり合わないのはどういうことだ」と怒るはずだ。ネットショップサイトを経営する企業と、FC企業の本部の企業のケースは「顧問弁護士の言う通りにすると会社が潰れる」という、ありがちな例なのである。

自社のブランドを守るために、まず心がけておかなければならないのは、

●顧客からのクレームに、断片的な法律で責任逃れをしない

ということだ。自社のブランドを他社に分け与えるということは、分け与えた企業に対する責任をも担うということである。であるなら、その企業が倒産したときには、何らかの形で顧客を救済するのが筋だろう。法律がどうであれ、誠意ある対応をすることが、自社を信頼してくれた顧客の気持ちに応えることになるからだ。

顧客を平気で見捨てる企業は、遅かれ早かれ、顧客からも見捨てられるのである。

対策ポイント

商標価値で商売をしている企業は、供与企業のクレームにも誠実に対応すべし

エピローグ

誰も知らなかったクレーム対応の技術！

——企業を守る完全マニュアルはこれだ！

ここまで読まれた方は「これは他のクレーム対策本とはちょっと違うぞ」と思われたのではないだろうか。巷に出ているクレーム本は「なんとか手に負えるクレーマー」に対応する術を教えるものがほとんどだ。

ところが**現実の世界はというと、もっと深刻な事態になっている。**

今は法律の矛盾をかいくぐって、企業の存続さえ揺るがすようなクレーマーが増えている。予測もしない手口で企業を潰しにかかり、社員を狙い撃ちにしてくるのだ。

きちんと顧客に対応している企業や店舗でも、クレーマーは隙を見つけてワナを仕掛けてくる。また企業側に問題がある場合も、しばしば見受けられる。

いったん事が起きてから「警察に連絡すれば何とかしてくれるだろう」というのは甘い考えだ。これまでも繰り返し述べたように、警察は企業のトラブルで証拠もないのに動いてはくれない。クレーム対策は、ふだんからの心がまえと準備が肝心なのだ。

いずれにせよ早急な対策が欠かせないということは、ご理解いただけたかと思う。

それでは本書のまとめとして、ここではクレーム対応の「準備」と「実践」の要点を述べていこう。悪質なクレーマーやストーカーから企業を守るスキルとして、また売上げの維持向上のため経営戦略の一端にもぜひ加えていただきたい。

準備

◆クレーム対応に必要な人間関係を押さえておこう

準備段階の重要項目は、まず人間関係をつくっておくということに尽きる。

どんなトラブルでも、地域の警察、行政、住民、業界に味方がいなければ戦うことはできない。逆に言うなら、味方が多ければ多いほど、トラブルをこじらせることなく、すんなり解決できる。周囲に「この企業を助けてあげよう」という人がたくさんいれば、法律を出して戦う必要はない。費用も時間もさほど費やさずにすむのである。

クレーム対応の力になってくれるキーパーソンを、もういちど整理しておこう。

- ●顧問弁護士
- ●地域の警察（生活安全課・組織犯罪対策課・防犯協会など）
- ●地域の自治会・商店会・商工会

●都道府県・市区町村の消費生活センター
●地域の住民

これらの人々とは、うわべで仲良くするだけでは意味がない。それこそお金と時間をかけて、心と心が通じ合う関係をつくることが重要なのだ。

お金と時間をかけるといっても、誤解なきよう。ここは大事なところなので強調したいのだが、注意をしなくてはいけないのは、**地域で味方を増やすためには、何ごとも合法的にやること**だ。

人と人の心の結びつきなどないのに、高額の金品を贈るのは明らかな贈賄である。そうではなく、近所の交番のおまわりさんに「お疲れさまです」と声をかけて、一個のお菓子、一本のジュースを渡すのは、自然な感謝の気持ちのあらわれだ。地域の警察署から、防犯研修のために刑事さんが来社してくれたら「お世話になります」と言って、心づくしの手作りのお弁当でもてなすことは問題にはならない。

だから、ほんの気持ちでいいのである。逆に、ほんの気持ちを超えるものは相手に迷惑をかける。たとえば消費生活センターに出向いて、契約書の正当性をアピールする。人間関係が構築されている相談員に、正当な契約をしていることをきちんと伝える。そのときに相談員の人に「みなさんで召し上がってください」と数百円のお菓子を手渡してもいいではないか。また地域の自治会や商工会が、警察署の人を招いて親睦会などを催すこともあるので、そういう場にもできるだけ参加するといいだろう。

ただし、地域のいろいろな機関、組織、人々と交流しようとすれば諸経費はそれなりにかかる。店舗が全国に何カ所もあるなら、交通費だってチリも積もればバカにならない。お金と時間をかけるというのは、そういう意味だ。だけど、これをやっておかなければ、いざというときに誰も助けてくれないのである。

◆顧問弁護士、刑事さん、警察官の性格も把握する

あとは顧問弁護士については、良好な人間関係が必要であるとともに、当然月々の顧問料が不可欠だ。

景気が低迷しているなかで、毎月五万円ほどの顧問料さえ出し渋る企業が多い。面倒なクレーム問題はコンスタントに起こるわけではないから、何もなければ無駄金を払わなければならないと思うのかもしれない。実際、弁護士への顧問料は損金計上だ。

しかし顧問弁護料は企業にとって、欠かしてはいけない必要経費である。法律が適合しにくいクレームは、お金にならないので弁護士の多くは受けたがらない。しかも危険なクレームストーカーのケースでは、弁護士の事務所にまで一日何百回とリダイヤルでいやがらせ電話をかけてくる輩もいる。弁護士はそれがわかっているから、飛び込みで依頼しても、企業の案件は断られることも多々あるのだ。

クレーム問題のほとんどは、対応をひとつ間違うと、刑事事件になる可能性を含んでいる。それぞれの企業の業態や特徴をとらえて法的判断をまとめられる資格者は弁護士しかいない。だから顧問弁護士は絶対に必要なのである。

ただし前にも述べたが、クレームトラブルに適切な対処ができる弁護士はとても少ない。少ないが、法律を盾にする頭の固い人ではなく、優秀でなおかつ人間的にやわらかい弁護士さんをぜひ見つけてほしい。

私の顧問先では、法律だけでなく広い視野で判断ができ、経験豊富で、人間性豊かな弁護士たちに顧問弁護士になってもらっている。そうした弁護士さんにクレームトラブルに鋭意対処してもらうには、顧問料をいくら積むというだけでは不可能だ。最終的には、人間関係がどれだけ築かれているか、ということなのである。

そのためには顧問弁護士と飲みに行って、親交を深めることもしなくてはならない。あるいは奥さんに頭があがらないタイプの弁護士さんなら、女性社員と奥さんを友だち付き合いさせて、奥さんの方面から攻める。

そういう意味では「私はクライアントとは飲みに行かない主義です」といったタイプの弁護士はお勧めできない。厄介なクレーム問題になれば、顧問弁護士には企業の恥も何も正直にさらさないと、解決できない場合も少なくないからだ。

クレーム対策の極意は、実はこのような人間関係をつくるところにある。

私の顧問企業では、地域の警察署の刑事さんや警察官の性格まで調べている。刑事さんも警察官も、みんな人間だ。けなげな女性社員がトラブルの相談をすれば、正義感を燃やす人もいる。真面目なタイプの男性社員が理路整然と説明したほうが、話が通じやすい刑事さんもいる。そこを押さえておけば、緊急事態にどの刑事さんや警察官にどう連絡すべきか、ベストの対処ができるのである。

クレームトラブルの備えで大切なのは、法律の知識だけではないし、多額のお金でもない。真髄は、心の通った人間関係にあるということを覚えておいてほしい。

◆これだけは用意しておきたい「七つ道具」

さてクレーム対策の準備として、クレームに対応する専門部署もつくらなくてはいけない。これは既存の法務部や法務室で強化してもいいし、別部隊を組織してもいい。

いずれにしても専門部署は、絶対に人事評価の対象にしないこと。そして業績目標などを強要しないことだ。

クレーム対応のなんたるかをわかっていない企業は、法務部でも目標を設定していたりする。しかしクレーム対応に目標など立てられるわけがない。目標を立てて縛りをかけると、部員は隠蔽に走る。現場でトラブルを隠せば、解決はよりいっそう困難になる。だから専門部署は、評価の枠外に置いておかなければいけないのである。

あとは実務的な面で言うと、必ず用意しておきたい「七つ道具」がある。

悪質なクレーマーに対応するときには、警察などに提出する法的証拠がなくてはならない。またクレームストーカーに狙われた場合は、身を守るものも必要だ。

いざそのときになって慌てて買いに走ったり、入手しようとしても手遅れになる。以下の七つ道具は、専門部署、各支店、各店舗にはぜひ準備しておいてほしい。

1．ICレコーダー

ICレコーダーは、クレーム対策にはなくてはならない必須道具だ。たとえば店舗に来たお客さんがクレームをつけて「これは危ないな」と察したら即座に録音しておくことだ。実際のやりとりが記録されていれば、警察など第三者にも事実がわかる。また録音によって「言った、言わない」のもめ事を防ぐ手立てにもなる。

ただしICレコーダーの音声だけでは、法的証拠にはならない。**録音内容を起こして、パソコンで打ち直しプリントアウトした書面にして、はじめて証拠書類になる。**

音声の正確な起こしは、けっこう時間がかかるものだ。したがってクレーマーとの会話を録音したら、早めに起こし作業をしておこう。

2．デジタルカメラ

デジタルカメラによる記録も、クレーマーの行為によっては、悪意を証明する法的証拠になり得る。できれば動画も撮れるデジカメを用意しておくといいだろう。

3. 日記

日記をつけておくと、トラブルのいきさつを警察などで説明する際に役に立つ。いつ、どこで何が起こったのか、その時々に書いておかないと忘れてしまうからだ。日記が面倒なら、手帳に行動記録を詳細につけておくのでもかまわない。

4. ノートパソコン

ノートパソコンを携帯していれば、地域の警察署、裁判所、消費生活センターなどに提出する資料がいつでもつくれる。現在進行しているトラブルの提出書類は、タイムリーにつくって提出することが肝心なのだ。

5. メモ帳

クレーマーと戦っている最中なら、気がついたことはすぐに書きとめておくこと。たとえば会社の外でばったりクレーマーに会い、会話を交わしたとしたら、その後すぐコーヒーショップなどで記録しておいたほうがいいだろう。

6. 携帯電話

携帯はほとんどの人が持っているはずだが、これもクレーム対応の武器になる。
悪質なクレーマーやストーカーが相手になると、身に危険がおよぶケースもある。いつでも会社や警察に連絡できるように、携帯は必ず身につけておこう。

また組織犯罪関係者がからむケースでは、社長や役員がはめられる事件も起こり得る。そのようなリスクを回避するためには、信頼できる秘書が、社長や役員の携帯のＧＰＳ機能を使って常に行動をチェックしておく。そして、たとえば三〇分とか一時間くらい連絡がとれなくなったら秘書が顧問弁護士に連絡をする。大企業や業態によっては、それくらいのリスクマネジメントも必要になってくるだろう。

なお携帯、ＩＣレコーダー、デジカメ、ノートパソコンは充電を忘れがちだ。**肝心なときに電池切れではどうしようもない。充電は欠かさずしておこう。**

7．健康保険証

これは意外に思われるかもしれないが、健康保険証は悪用される率がかなり高い。写真が入っていないので、いくらでも本人に成りすませるからだ。

手の込んだ手口で仕掛けてくるクレーマーは、どこでどう保険証を盗みとるかわからない。社長、役員、社員の家族を騙して、保険証を入手した事件もあるのだ。

またクレーマーやストーカーが本性をあらわして、危害を加えるということも考えておかなくてはならない。不幸にも被害に遭って、救急車で搬送されるときに、保険証がないとたらい回しにされる可能性もある。したがって保険証は常時携帯してほしい。

実践

◆「クレーム対策三カ条」を頭に入れておこう

それでは実際のクレーム対応のポイントをあげていこう。

悪質なクレーマーは大きく分けて、暴力団関連組織などが関わっているケースと、組織や黒幕がついておらず単独か二人くらいで行うケースがある。また、それぞれに目的や意図があり、クレーマーが最終的に狙っているものも異なる。

よって刑事事件につながりかねないクレームトラブルが起きたら、次の**「クレーム対策三カ条」を頭に置いておいてほしい。**

1. 相手の目的・意図（やりたいこと）を探す

2. 第三者（黒幕）を探す

3. 過去に同様の行為をやっていないかを探す

クレーマーのタイプと、その目的または意図

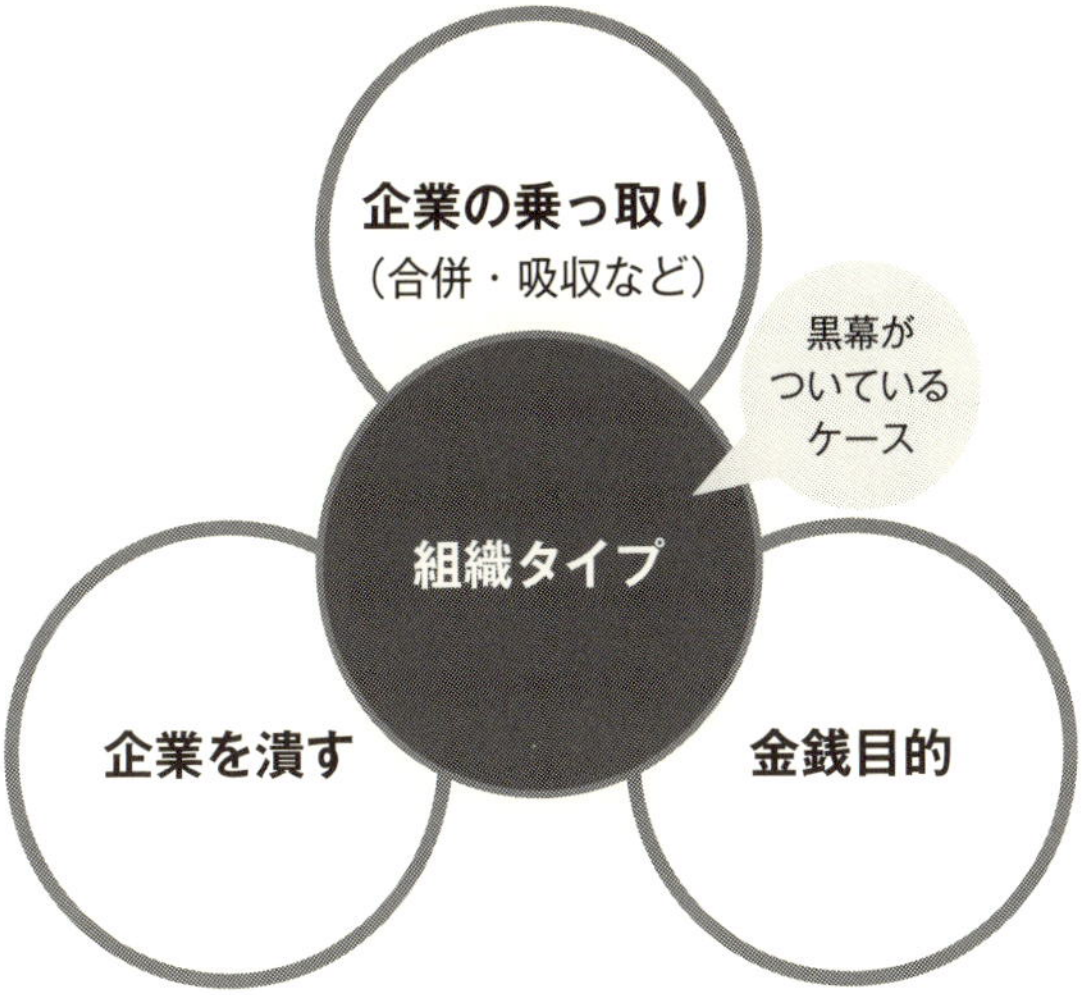

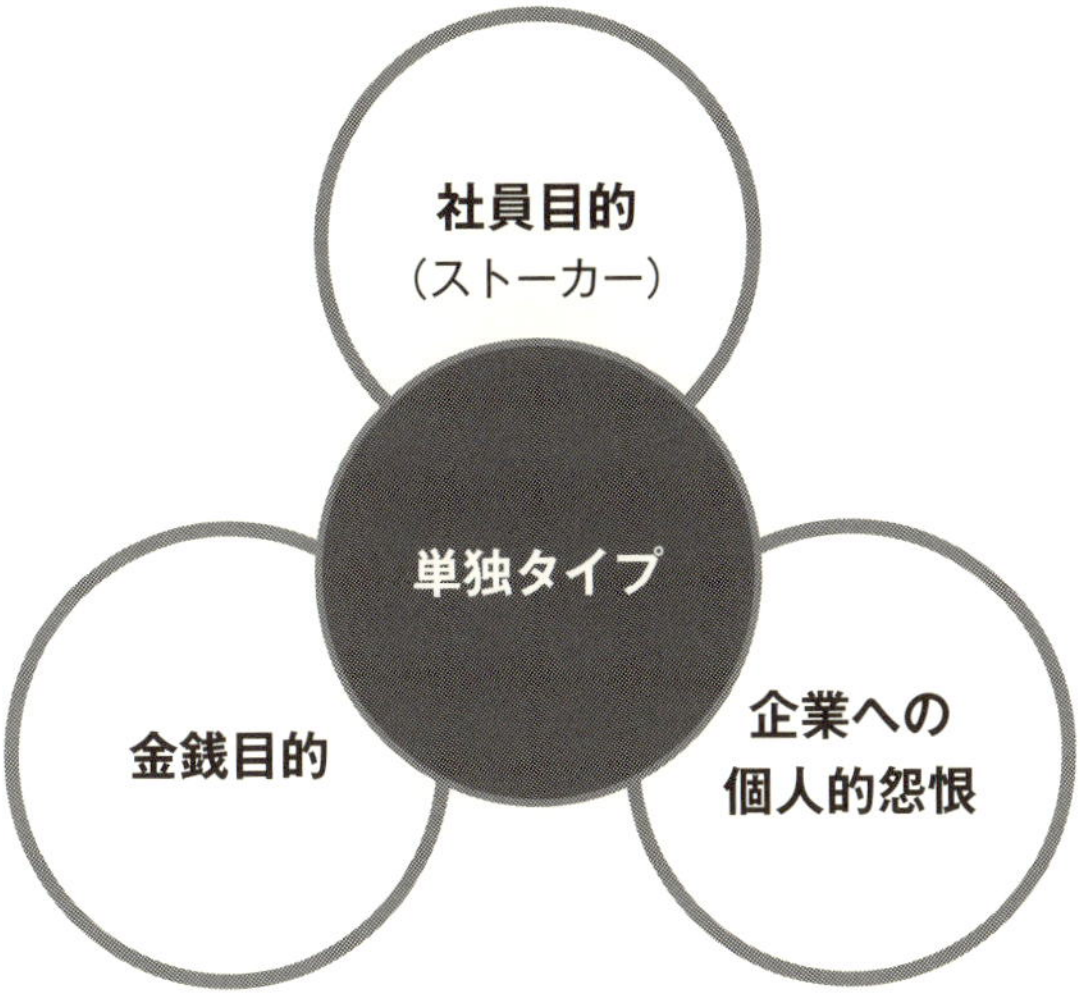

クレームトラブルの解決の決め手になるのは、相手のやりたいことをやらせないことだ。したがって、まずは相手のやりたいことを探す。そして、やりたいことがわかったら目的を達成させないための対策を打つ。

クレームストーカーのケースなどでは、相手が金銭を要求してこないため、目的がわからず対応が後手後手になりやすい。だからこそ相手の言動を観察して、目的や意図を最初に見つけなくてはならないのだ。

それから第三者を探す。組織犯罪に関与する黒幕はプロである。プロに対して対策を立てるのはそれほど難しくない。なぜなら相手は商売でやっているので、リスクのある仕事には手を出さないからだ。彼らにとってのリスクとは、警察が介入してくることである。だから私は企業の案件で「第三者がからんでいるな」とわかれば逆にほっとする。これは、ふだんから交流のある刑事さんに連絡すれば、即座に手を引いてくれるはずだ。

あとは過去に同じようなことをしていないか、探すのも重要である。悪質なクレームを仕組むようなやつは、そのほとんどが同じようなことを他の企業で何回もやっている。これは単独のクレームストーカーなどに多いのだが、以前にもよその会社の社員を付け狙ったりしているのだ。

これも、ふだんからの地域の警察や消費生活センターとのネットワークづくりが活かされる。クレームトラブルが生じたときに、警察や消費生活センターとコミュニケーションがとれていれば、クレーマーについて「この人は他の企業でも、五、六回、同じことをやっています」といった情報は教えてくれる。

そうすれば、そのクレーマーが関わった過去のトラブルで解決したケースもわかる。他の企業はそいつをどうやって退治したのか。最後はお金でおさめたのか、警察から警告を入れてもらったのか。それがわかれば、手の打ち方が見えてくるのだ。

◆警察に出す書類は「短く簡潔に！」が鉄則

悪質なクレーム対応のプロセスでは、いかに警察と連携できるかも大きなポイントになる。最初は警察署に出向いて口頭で伝え、次に文書を出す。トラブルの経緯をあらわす「時系列表」や「素人っぽい援助の要請書」などを提出するのである。

その際に企業の方々にぜひ知っておいてほしいのは、文書はできるだけ短く簡潔にまとめるということだ。企業の方々はみんな、やたらと長くて詳しい文書をつくる傾向がある。それは日本の企業が、仕事の書類に対して長くて、詳しくて、難解な文言を使うことを求めるからだ。だから社員は書類の目的そのものがどうあれ、パソコンの機能を駆使して、文書の体裁を整えることばかり考えるのだ。

しかし警察に出す書類に関しては、それは通用しない。刑事さんも警察官も暇ではない。長い文書を提出されても、ゆっくり読んでいる時間などない。しかも警察官は提出された文書をもとに、また自分で記録を書き直す。だから口頭で状況を話したうえで、文書はわかくやすく短く簡潔に書かなくてはだめなのである。

書く内容は、いつ、何があって、どのような不快感を感じ恐怖心を覚えたか。また、どのような営業妨害があったか。それを羅列していくだけでいい。くれぐれも、**文体や文章の長さで勝負しようとは思わないこと。事実だけを短く書くことだ。**

書き方は例をあげたので、参考にしていただきたい。

なお時系列表については、自社内で詳細な記録をつけておこう。

時系列表

○○○○年○月○日

○○警察署　○○様

この度はお世話になります。
下記にこの度の件を時系列にて記載致しますので、ご確認のほどお願い申し上げます。
尚、○月○日以降の電話および会話はすべて録音、テープ起こし済みです。
ご不明な点がございましたら○○（担当者名）まで、お問い合わせください。
　株式会社○○○○　△△店
　住所
　電話番号
　営業時間
　店長○○○○

対応日	時間	内容
2010年○月○日	13:25	××さん来店。当店で販売している商品○○を購入される。
2010年○月○日	10:45	××さん再び来店。○○を購入した際、販売員Aが説明した内容と実際の商品が違うため、返品したいとのこと。「事実確認をするのでお待ちください」とお返事する。
	16:29	入電。「ふざけるな！」と怒鳴り散らされる。1時間対応。
2010年○月○日	13:43	入電。「どうなっているんだ！」と怒鳴り続ける。
	16:02	入電。「社長と話をさせろ」とのこと。40分対応。
	18:16	入電。販売員の対応の悪さを延々話し続ける。2時間対応。
2010年○月○日	12:32	入電。「返事が遅い！」とのこと。1時間対応。
	14:20	入電。「こちらからお返事しますのでお待ちください」と伝える。
	15:06	入電。「なめているのか！　このやろう！」と怒鳴る。1時間30分対応。
2010年○月○日	16:53	入電。「ふざけるんじゃない！」と怒鳴り××さんから切断。
	17:16	入電。「いつまで待たせるつもりだ！」と怒鳴る。1時間対応。
	18:36	入電。「自宅まで来て謝れ」と要求。他のお客様からの電話がつながらなくなるので、営業時間外に入電をお願いする。
2010年○月○日	17:50	入電。「自宅まで来て謝れ」と要求。10分程で××さんから切断。
	17:55	入電。無言電話。
	18:20	入電。無言電話。
	18:22	入電。無言電話。
	18:28	入電。無言電話。
	18:39	入電。無言電話。
	20:30	入電。無言電話。
	20:40	入電。無言電話。
	21:24	入電。無言電話。
	22:58	入電。無言電話。
2010年○月○日		○月○日まで1週間、毎日10回から30回程の無言電話が入電。
2010年○月○日	14:30	○○警察署○○様に相談。この日も18:00から無言電話が5回入電。
2010年○月○日	13:15	顧問弁護士である○○法律事務所○○弁護士に相談。
2010年○月○日	15:44	入電。「弁護士と警察に相談しており、これ以上、連絡はしないでください」とお伝えする。怒って××さんから切断。
	15:56	入電。「出るところへ出てもいいぞ」と言って切断。
	16:00	○○警察署○○様に電話にて報告。
		20:00過ぎまで無言電話が約50回入電。
2010年○月○日	11:15	○○警察署○○様に電話にて再度報告。

以上が○月○日までの報告となります。
何卒、よろしくお願い申し上げます。
お客様担当（○○○○）

たとえば相手がハードクレーマーなら、一分おきに会社に無言電話をかけてくるケースもある。それも可能な範囲で全部記録をとっておくことだ。そして自社内の詳細な記録をまとめるかたちで、警察に時系列表を提出しよう。ただし地域によっては、詳しい書類を要求する警察署もあるので、その場合は指示に従ってほしい。

また援助の要請の文書も、参考例のように手短にまとめていただきたい。

◆悪質なクレーマーにはひるんではいけない！

さて警察に連絡し、書類も提出したら、刑事さんや警察官がいろいろなアドバイスをしてくれるだろう。相手に危険性が認識されるとしたら、どういうことに気をつけなさいといった具体的な注意点を教えてくれるはずだ。

そのほか、自分でできるリスクマネジメントには、次のようなものがあげられる。

- **●一人では出歩かない**
- **●夜道は携帯をかけて話しながら歩く**
- **●家族を狙ってきたら絶対に守る**

警察に援助を要請する文書例

平成○○年○月○日

○○警察署生活安全課御中

相談者

株式会社○○○○
郵便番号
住所
電話
携帯
代表者名（代表取締役または法務部長などの氏名）

対象者

××××さん（クレーマーまたはストーカー行為を働いている者の氏名）
住所
電話

○月○日に○○県警○○警察署・総務二課△△様に相談済み。

××さんは弊社の顧客です。総務二課△△様にご相談した通り、これ以上は対応できないと判断致しました。現在、商品の代金を返金処理中です。

××さんは今週も頻繁に電話をかけてきており、また「○月○日（月）にも来店するぞ」とのこと。だんだん言動が粗暴になってきているため、来店の際に店内で暴れるのではないかと不安を感じております。

弊社でできるところまで対応致しますが、手に負えない場合はご助力のほど、どうぞよろしくお願い申し上げます。

尚、顧問弁護士は○○法律事務所　○○○○弁護士です。

たとえば女のクレームストーカーの場合、なかなか思い通りに事が進まなければ、目的の男性社員に「痴漢行為をされた」と訴えるケースがある。また男のクレームストーカーであれば、いきなり女性社員を襲うこともある。だから相手の目的が社員だとわかったら、万全の備えをしておかなくてはならないのだ。

それから家族を狙われるのは、私も営業マンのときに経験があるが、「おまえの子どもの写真送ったろか！」という脅しを入れてくるクレーマーもいる。これは実は恐喝にならない。「写真を送ってあげようか？」というのは「脅し」ではないからだ。

これを言われたら当然怖い。しかし、そこは頑張ってひるまないことだ。

クレーム対応の要点のひとつは「相手が喜ぶことをしないこと」。怖がって「子どもだけは」なんて言ったらますますつけあがる。腹をくくって「うちの子の写真を送ってくれるんですか？　ありがとうございます」くらいの対応をしてほしい。ただし実際は子どもの送り迎えをするなど、注意はしなくてはならない。

それと悪質なクレームストーカーは、家の電話番号を調べて、目的の社員の妻や夫に「あなたの奥さんに色目をつかわれた」とか「あなたの旦那さんに襲われた」と告げ口をしたりするケースがある。だから夫婦仲良くというのも、けっこう大事なことだ。

敵はいちばん弱いところを攻撃してくる。最後の砦、家庭が磐石なら、どんなクレーマーだろうとストーカーだろうと対抗できるのである。

おわりに

意外に思われるかもしれませんが、実は、私の家は一族に経営者が多い家系です。親戚には一〇〇億円以上売上げる経営者もいますし、父親もついこの前まで、中小企業の社長でした。小さいころから親戚の経営者たちに囲まれ、育てられ、経営者の後継者となるべくさまざまなことを教えられました。

しかし、私はいつもさまざまな分野のトラブルに悩む親戚や周りの経営者を見て、とても幸せな状況には思えませんでした。

そして私は思いました。経営者として大成してもトラブルに対して強くなければ、この世の中は渡り歩けないなと。

近年、私の顧問企業はこんなご時世でも対トラブル能力を武器に順調に売上げを伸ばしているところが大半です。一方、同業他社のなかには成績が下がり続けている企業が少なくありません。それはどんな業績好調のライバル企業でも、必ずトラブル対応を誤って自滅していくからです。

利益を追求し売上げを上げるだけではライバルには勝てない厳しい時代になってきました。

この本には、皆様の会社がトラブル対策のノウハウを取得して、売上げを伸ばしてほしいという願いが詰まっています。本書で、少しでも売上げを伸ばすお手伝いができましたらこんなうれしいことはありません。

また、クレーム対策や企業防衛は非常に繊細で難しい問題でもあります。

この本を機会に、皆様の企業でのセミナーや講習、顧問等でお顔合わせをできることを楽しみにしております。

平塚俊樹

平成二二年一月吉日

平塚俊樹（ひらつか としき）
エビデンサー（証拠調査士）武蔵野学院大学客員教授

大学卒業後、大手不動産会社と東証二部上場メーカーに勤務。
在職中、営業職ながらクレーム処理も担当する中、暴力団もかかわるあまりにも悪質な事件が多発したために、警察の暴力団対策課にて対応トレーニングを積む。

その後、自ら欠陥住宅を買ってしまったことにより、弁護団を組んだ大手ゼネコンを相手にこちらの弁護士が逃げ出すほどの死闘を演じ、最終的に完全勝利。これらの経験からトラブル解決のノウハウを確立する。

また、同様のトラブルを抱える人たちへのアドバイスを通じて連携、共闘する中、弁護士、弁理士、医師、鑑定人など、各ジャンルの専門家との間に人脈が広がり、そのネットワークは、アメリカ、ヨーロッパ、アジア、アフリカといった海外にまで及んでいる。

これまで数千件にものぼるトラブルを解決に導き、現在も相談・依頼がひきもきらない。

著書に『Law（ロウ）より証拠』（総合法令出版）『おひとりさまの防犯術』（亜紀書房）がある。

“誰も知らなかった” クレームストーカー対策マニュアル

2010年2月7日　初版発行

著　者　平塚俊樹
発行者　野村直克
発行所　総合法令出版株式会社
〒107－0052　東京都港区赤坂1－9－15
日本自転車会館2号館7階
電話　03－3584－9821㈹
振替　00140－0－69059
印刷・製本　中央精版印刷株式会社

ISBN978－4－86280－193－7

総合法令出版ホームページ　http://www.horei.com